Los ojos de mi princesa 2

CARLOS CUAUHTÉMOC SÁNCHEZ

Los ojos de mi princesa 2

Fuerte por amor

DIAMANTE
Best Sellers de valores
para mentes jóvenes

ISBN 978-607-7627-46-3

Derechos reservados: D.R. © Carlos Cuauhtémoc Sánchez. México, 2012.

D.R. © Ediciones Selectas Diamante, S.A. de C.V. México, 2012.

Mariano Escobedo No. 62, Col. Centro, Tlalnepantla Estado de México, C.P. 54000, Ciudad de México. Miembro núm. 2778 de la Cámara Nacional de la Industria Editorial Mexicana.

Tels. y fax: (0155) 55-65-61-20 y 55-65-03-33 Lada sin costo desde el interior de la República Mexicana: 01-800-888-9300

EU a México: (011-5255) 55-65-61-20 y 55-65-03-33

Resto del mundo: (0052-55) 55-65-61-20 y 55-65-03-33

info1@editorialdiamante.com ventas@editorialdiamante.com

Diseño de portada y formación: L.D.G. Leticia Domínguez C.

www.carloscuauhtemoc.com

www.editorialdiamante.com **www.xti-xmi.com**

facebook.com/GrupoEditorialDiamante facebook.com/carloscuauhtemocs

youtube.com/gpoeditorial twitter.com/ccsoficial twitter.com/editdiamante

IMPRESO EN MÉXICO / PRINTED IN MEXICO

LIBROS
QUE LEO
COMPLETOS

Conoce nuestra
Garantía de calidad en:
www.editorialdiamante.com

ÍNDICE

1. El sueño 7

2. Soledad que debilita 11

3. Amor que fortalece 15

4. Desahogo 19

5. ¿Buscarla? 23

6. Amores eróticos 27

7. Su verdadero nombre 31

8. La anciana 35

9. El Cacarizo 41

10. Antena parabólica 45

11. El bar 51

12. Trilema 57

13. La madre de Ariadne 61

14. Sybil 65

15. Pilar 69

16. Regaño retrasado 73

17. No te tuve porque no te tuve 77

18. Café artístico 81

19. Dulce 87

20. Claustro de Sor Juana 91

21. Padres 97

22. Accidente 103

23. Planeación telefónica 109

24. La lata de pintura 113

25. Estar enamorado 119

26. Buscar el placer 123

27. Casa del libro 127

28. El convertible 133

29. El lago _____ 137

30. Extorsión _____ 147

31. Competencia ciclista _____ 151

32. Becado _____ 157

33. Vergüenza _____ 163

34. Historia común _____ 167

35. Adalid _____ 171

36. Golpiza a una mujer _____ 177

37. El enfermo _____ 181

38. La manta _____ 187

39. El funcionario _____ 195

40. La jefa de edecanes _____ 201

41. Creo en ti _____ 207

42. Duerme _____ 213

43. Te lo advertí _____ 239

44. Naucalli _____ 245

45. Filosofía contradictoria _____ 249

46. Despedidas _____ 255

47. Canadá _____ 261

48. El novio de Ariadne _____ 267

49. Velorio _____ 273

50. Dejar el pasado atrás _____ 277

51. Libro negro _____ 283

52. Las leyes del amor _____ 289

Epílogo _____ 295

1
El sueño

Creencias, Conflictos y Sueños (C.C.S.)
Domingo 23 de enero de 1983

Hoy te soñé.

Estabas charlando con otras personas alrededor de una mesa ovalada.

—Hola, princesa. —Llegué decidido, desde lejos.

Todos los comensales se quedaron mudos al verme.

—Hola… —respondiste abriendo apenas los labios como si mi aparición te causara aturdimiento—. ¿Eres tú?

—Sí, Sheccid.

—Hacía mucho tiempo que nadie me llamaba Sheccid.

—¿Todavía te gusta?

—Depende de quién lo pronuncie.

—Yo soy el único que te puede decir así.

—Tienes razón.

—¿Me has extrañado?

—Mmh —te llevaste un dedo a los labios—. Ha sido un tiempo difícil.

—Contéstame.

Había tantas cosas qué explicar. Tanto que aclarar. Tanto que comprender.

—Sí —aceptaste—. Te he extrañado.

—Necesitamos hablar.

—¿Cuándo?

—Te invito, mañana, a comprar un libro.

—¿Geometría y Trigonometría plana?

—Puede ser. ¿Por qué no? Lo perdí. Quiero recuperarlo para mi colección. ¿Vamos a pie y después en autobús de pasajeros? ¿Como antaño? Podemos tomar un helado de chocolate también.

Cinco años atrás fuimos juntos a comprar el libro de Baldor. Andando por la calle y usando el transporte público. Fue la tarde en que me atreví a abrazarte por la cintura y me senté junto a ti, apresando tus manos entre las mías. La tarde en que compartimos el mismo helado y estuvimos a punto de besarnos.

Sonreíste acongojada (si la contradicción es lícita), como tratando de borrar con un soplo los últimos años tormentosos para poder regresar mágicamente a los felices tiempos de la inocencia.

—De acuerdo —dijiste—, nos vemos en la misma esquina a la misma hora.

—No llegues tarde —recomendé.

Los sueños son a veces sucedáneos de acontecimientos reales. Para ciertas corrientes de psicoanálisis hay, en la actividad mental nocturna, mensajes secretos enviados por el subconsciente, propensos de ser interpretados por un profesional. Para los adeptos a retrotraer las prácticas de antiguos profetas escriturales, los sueños transfieren de manera vedada un mensaje de la divinidad. Yo no soy prosélito de ninguna de esas teorías, pero sin atreverme a descalificarlas por completo, me inclino a creer que, como la mente es muy poderosa, cuando concebimos en ella pensamientos reiterados, ocurre un fenómeno de plasticidad que les va dando materia hasta convertirlos, primero en sueños vívidos y más tarde en sucesos reales.

Sheccid: yo te he ideado (y trazado y descrito y narrado y planeado) demasiado tiempo; no es raro que te sueñe como si fueras de carne y hueso, ni será extraño que pronto acabe por verte frente a mí…

La realidad no es sino el resultado de lo que deseamos.

Por eso el sueño me pareció tan real. Y por eso sé que se hará verdad.

Me vi ahí, parado en la misma esquina donde nos citamos antes, esperándote con ansia, alegre de que pronto llegarías y temeroso de que no lo hicieras.

Observé la calle. ¡Había excesiva polución!; la avenida tenía baches, charcos, lodo; el tráfico, espeso; y los grandes y espaciosos autobuses urbanos de antaño escaseaban (habían sido sustituidos por microbuses). Por si fuera poco, en el horizonte se dibujaban los trazos luminiscentes de una tormenta eléctrica. Portentosos relámpagos chocaban en el firmamento. Al principio los fulgores resultaron bellos, dignos de fotografiar como se hace con las auroras boreales, pero poco a poco aumentaron de intensidad acompañados de truenos atroces. Jamás había visto ese portento de lobreguez. "Un mal presagio", pensé.

Escuché unas pisadas detrás. Giré. Eras tú. Vestida con saco y falda, maquillada en exceso; te veías más adulta y formal, pero también más triste e insegura, como ocurre con las personas que han sido golpeadas cruelmente por la vida. Miré el reloj.

—Llegaste puntual.

—He cambiado.

—¿Ahora usas zapatos de tacón?

Estabas más alta que yo.

—A veces; discúlpame.

Uno de los pocos autobuses de pasajeros que quedaban en circulación se detuvo frente a nosotros. Pero iba lleno. Subimos. No había un solo asiento libre. La gente se bamboleaba asida a las barras de metal. Olía a gasolina y sudores. Apenas pudimos entrar. En el cielo continuaba generándose el ruido infame de relámpagos.

Un vagabundo, quizá morboso y malintencionado, pero también quizá porque fue empujado por el gentío o aletargado por el alcohol, comenzó a recargarse en ti. Te incomodaste. Volteaste a verme como diciendo "protégeme". Entonces aparté al tipejo e interpuse mi cuerpo para cubrirte la espalda. El vagabundo se desbordó en insultos. No le respondí. Quedé como abrazándote. Tú te encogiste un poco para dejarte abrazar.

—Gracias.

—Sabes que me pelearía con cualquiera por ti.

—Sí… no me lo recuerdes.

—Desde que nos separamos, no he pensado en otra mujer. Me has hecho falta. ¡Hay tantas cosas que no aclaramos… tantos cabos que dejamos sueltos!

—¿Por qué nos pasó eso?

—¿Malos entendidos? —adiviné.

—Puede ser.

—Sheccid, dime. ¿Cómo has estado?

—Mal… —cerraste los ojos—. Muy mal…

—¿Por qué?

—Espero que no me pidas demasiadas explicaciones. No podría dártelas —tu voz se atenuó hasta el silencio; te encogiste aún más como tratando de esconderte—. Vivo secuestrada. Aterrada. Mi vida peligra. Tengo miedo. Me están observando. Ayúdame, José Carlos. No sé a quién acudir.

En el cielo se dibujó una centella seguida del trueno más ensordecedor.

Entonces, de forma inverosímil (en los sueños no importan las verosimilitudes), comenzamos a caer por un largo, profundo y negro agujero…

Desperté. Me levanté sudando.

Quise alcanzar el vaso con agua que acostumbro poner en mi mesita. Lo tiré. Por fortuna estaba casi vacío. Encendí la luz. Iban a dar las cuatro de la madrugada. Traté de calmarme. Salí de la cama y descorrí el cancel de la ventana. Quería sentir el frío de la noche. La humedad del rocío. Pero la noche era caliente, bochornosa… había sombras entre las buganvilias. ¿Una persona? ¿Una mujer? Cerré los ojos y volví a abrirlos. Eran sólo tinieblas.

Volví a la cama pero ya no dormí.

2

Soledad que debilita

Se pasó varios días meditando en aquel sueño. Estaba convencido de que había experimentado una especie de revelación.

Siempre había pensado que *estar solo* era bueno; se había definido como "amigo de la soledad creativa, de la que empuja a soñar y planear, a cantar y rezar, a descansar para tomar fuerzas", pero después de aquel sueño, la idea de seguir bregando *sin ella*, comenzó a producirle angustia.

Fue a la habitación de sus padres para despedirse. La puerta estaba cerrada. Giró el picaporte. Halló a su papá en cuclillas junto a la cama. Le dio las buenas noches, y cuando levantó la vista, notó que se limpiaba las lágrimas.

—¿Qué tienes papá? ¿Hay algún problema?

—Se me olvidó cerrar con llave.

Su respuesta llevaba dos filos. Disculpa y reproche. Al adulto se le olvidó cerrar y al joven llamar. Pero lo remarcable del instante era otro asunto: ¿Su padre fuerte, varonil, valiente, de carácter duro (a veces demasiado), se encerraba con cerrojo y *lloraba*?

—Perdona... —entré sin tocar—. Venía a despedirme.

—Hasta mañana.

—¿Te sucede algo?

Entonces el adulto miró a su hijo con un gesto desguarnecido de toda ficción; franco, honesto.

—Me siento muy solo.

En el rostro del padre había dolor verdadero.

Ahí estaba otra vez el mismo concepto sobre el que había estado meditando. "Me siento muy solo".

En esas cuatro palabras se resumía la principal problemática del ser humano. La soledad obligatoria. La indeseada. La que proviene de llevar una carga a cuestas, sin tener con quien compartirla; la que se gesta en silencio después de muchos días de sembrar sin cosechar.

Pensó que había descubierto un concepto valioso. El secreto para diferenciar lo que causa plenitud de lo que ocasiona pesar, estriba en saber si es forzado o voluntario. Todo lo forzado se convierte en coercitivo, porque atenta contra la libertad. De esa forma, es nociva la dieta *forzada* porque no hay qué comer (en contraste con la dieta voluntaria de quien felizmente busca estar más sano)… o el ejercicio *forzado* en una prisión (en contraste con el ejercicio voluntario de un atleta que se entrena de buen agrado).

—¿Por qué te sientes solo, papá?

—A veces parece que, haga lo que haga, nunca es suficiente; estamos al borde de la quiebra… Me siento muy cansado.

Su padre, siempre rudo, esa noche parecía otro. Físicamente empequeñecido por creerse perdedor de una batalla que sólo él conocía, y moralmente engrandecido a causa de la humildad de quien se reconoce necesitado de afecto.

—La soledad debilita —susurró y después agregó—. ¡Y la debilidad es el peor enemigo de la humanidad!

José Carlos contempló a su padre en cuclillas junto a la cama. Al verlo quebrantado, lo admiró… Quiso abrazarlo, pero permaneció quieto. Aquilatando la singularidad del momento.

La última frase le coreaba en la mente como un eco.

"La debilidad es el peor enemigo del ser humano".

Era un tema digno de analizarse. Él también se sentía débil. Pensaba mucho en su Sheccid. Desde que soñó con ella, cada noche peleaba contra el fantasma del insomnio que le susurraba al oído: *No te hagas ilusiones. Se fue. Te traicionó. Jamás encontrarás amor en ella…* entonces se deprimía. Cobraba conciencia de las llagas invisibles de su alma. Y claro; no debía sentirse malsanamente solo, ni débil, porque tenía unos padres maravillosos y tres hermanos estupendos. ¡Pero con esa lógica, tampoco su padre debía sentirse así!

Lo observó unos segundos más, y se puso en cuclillas a su lado.

—Papá —le dijo colocando un brazo sobre su espalda—, cuentas conmigo. Voy a trabajar en tu negocio de capacitación. He estado pensando que podríamos convertirlo en escuela secretarial. Eso lo levantaría. Yo podría dar clases. Sé matemáticas, pero también redacción y ortografía. De algo servirá. Saldremos adelante.

—Gracias, hijo —hizo una larga pausa; luego agregó sonriendo—. El amor fortalece ¿lo has notado?

José Carlos asintió.

A un animal herido podía salvarle la vida el apoyo de la manada o el cobijo de la madre lamiendo sus llagas…

Sin duda, el amor fortalece. En esta época de prisas y competencia feroz, pensó, la gente está débil porque carece de amor. Si alguien tiene amor, cuenta con el vigor para estudiar, emprender trabajos extenuantes, laborar de sol a sol y aún dar la vida en pro de sus ideales. Al contar con una persona especial a quien abrazar, con quien compartir las alegrías y tristezas cotidianas, la debilidad y los malos sentimientos se esfuman…

Salió de la recámara y fue a la cocina.

Su mamá estaba terminando de hacer la cena. También se veía débil. Entonces lo supo: ¡Sus padres (en secreto), llevaban varias semanas disgustados! ¡No se hablaban! ¡No se tocaban! ¡No se apoyaban el uno al otro! Había conflictos matrimoniales no resueltos… Por eso, los dos (¡también ella!), habían caído en una espiral de agotamiento.

—Mamá, es tiempo de que arreglen sus problemas; papá está muy sensible. Ve a verlo, por favor. Enciérrense. Y no salgan de la habitación hasta que se hayan puesto de acuerdo…

Ella giró la cara hacia la estufa y siguió cocinando.

—Después. Al rato. Mañana.

Conocía a sus papás. Sabía que volverían a unirse. Habían pasado por muchas tormentas y siempre salían a flote. Mal que bien, se tenían el uno al otro…

Pero, fuera de su familia, José Carlos no contaba con nadie… La mujer de la que se enamoró hacía tiempo, le había roto el corazón.

3
Amor que fortalece

Dejó a Ariadne sola unos minutos. Salió al estacionamiento para caminar en círculos. Pero después, movido por la incipiente lluvia que amenazaba con empaparlo, volvió al interior del restaurante.

—¿Dónde fuiste? —la pecosa se veía molesta—. Van dos veces que te desapareces.

—Perdóname amiga... Estar contigo de nuevo me produce mucha ansiedad.

—¡Eso es casi un insulto!

—Tu imagen está ligada a recuerdos tristes.

—Pues dejemos nuestra plática aquí. ¿Te parece? Lo que menos quiero es causarte angustia.

—No, no, Ariadne, por favor no digas tonterías —extendió sus manos para tomar las de la chica—. Tú eres mi amiga... mi mejor amiga... Mírame. Sabes que es verdad.

La joven pecosa asintió y esbozó una levísima sonrisa.

Ambos se conocieron cuando eran apenas unos púberes que estaban despertando a la razón. Pero Ariadne se había convertido en una mujer atrayente; ya no tenía las mejillas plagadas por mazacotes de pecas; ahora sólo unos cuantos lunares dorados le afilaban los pómulos. Además había embarnecido: sus senos primitivos de la secundaria cumplieron honradamente la promesa de opulencia que contuvieron, y las curvas prominentes que formaban, eran difíciles de obviar.

Ella notó que el muchacho tragaba saliva después de echar un rápido vistazo a su vestido.

—¿Te parezco atractiva?

—¿A quién no le parecerías?, has cambiado mucho desde

la secundaria.

—Pues tú sigues igualito.

—¿Te acuerdas cuando nos vimos por primera vez?

—Cómo olvidarlo. Fue traumatizante.

—Sí. ¡Terrible! Yo había sido secuestrado por un productor de pornografía infantil. Estaba en su auto sin poder salir y el sujeto se detuvo en la calle para llamarte y pedirte que te unieras a nosotros. ¡Quería atraparte también! Te acercaste al coche, miraste las fotografías pornográficas, escuchaste la oferta del proxeneta, me viste a la cara y abriste la puerta desde afuera para ayudarme a escapar. Después echaste a correr. ¡Me salvaste sin conocerme! ¿Te imaginas lo que hubiera sucedido si, en vez de hacer eso, hubieses aceptado acompañarnos? Nuestra vida sería otra...

—Como la de Mario Ambrosio.

—Mario no quiso o no pudo irse. Su destino cambió esa tarde.

Ariadne miró hacia la ventana.

—¡Qué aguacero se soltó otra vez!

—Ajá.

—Este año, las lluvias han sido excesivas. ¿No te parece? Quizá se acerca el fin del mundo —contempló ensimismada las gotas furiosas reventando en el ventanal y habló como quien piensa en voz alta—. ¿Sabes, amigo? Después de conocerte, tuve miedo de ti. Creí que eras un degenerado sexual, porque me perseguías por todos lados. Te confieso que pensé en denunciarte.

—¿Y por qué no lo hiciste?

—Porque algo no concordaba. Tu actitud temerosa. Parecías un cachorrito herido, no un depravado. Además, decías que estabas enamorado de *ella*, Deghemteri, la jefa de mi grupo... Y siempre me pedías lo mismo: que le hablara bien de ti...

—O al menos que no le hablaras mal. Por eso te buscaba

tanto, Ariadne. Me urgía convencerte de mi inocencia, de que yo no tenía nada que ver con el pornógrafo. Que había sido una víctima.

—Para que te ayudara con *ella* —insistió sin ocultar el desprecio.

—Sí… Me enamoré perdidamente.

—Como un idiota. ¿Por qué?

—Yo era muy tímido. Enamorarme de esa chica despertó mi héroe interior… Por eso le decía "Sheccid". Esa palabra proviene de la leyenda sobre una princesa árabe que inspiró a un prisionero a salir de la cárcel y a superarse para merecerla… ¡Yo fui ese prisionero y me hice hombre pensando en ella! El amor me fortaleció. ¡Porque amar fortalece! *Y vivir debilita.*

—¿Vivir debilita? —La pecosa le puso azúcar a la taza de café que había estado sobre la mesa por más de media hora y habló como quien está dispuesto a entablar una charla filosófica—. Si así fuera, todos los seres vivos acabaríamos muertos.

—¡Y así sucede, tarde o temprano!

—Por supuesto, perdón. Quise decir que estaríamos siempre exhaustos.

—¡Vivir debilita, Ariadne! He estado leyendo sobre esto. Es un tema fascinante. Piensa. El simple hecho de respirar, caminar, pensar, movernos, y por supuesto estudiar o trabajar, nos roba energías. ¡Si no hacemos algo para recuperarlas, nos apagamos hasta la extinción! La debilidad es un fantasma que persigue al ser humano todo el tiempo. ¡Por eso, físicamente necesitamos comer y dormir; pero en otras áreas (como la mente, la autoestima, la fe), *cada día*, también necesitamos hacer cosas para fortalecernos!

—¿Como cuáles?

—No sé, ¿trabajar en lo que nos gusta?, ¿hacer ejercicio?, ¿enfrentar retos?, ¿oír buena música?, ¿leer?, ¿rezar?,

¿aprender cosas nuevas?, ¿charlar con un amigo?, ¿contemplar las estrellas?

—¿Y amar?

—¡Sí, Ariadne! El amor nos brinda energía. ¡El que no ama, se marchita!

—Así que amar fortalece.

—¿No es una idea fascinante? A eso le llamo *La fuerza de Sheccid*.

Ariadne tomó su taza de café y se la llevó a los labios. Pero sólo le dio un ínfimo sorbo, porque el líquido se había enfriado. Levantó la mano para pedir un reemplazo. El mesero se acercó.

—Está helado, ¿podrías cambiármelo?

Una vez consumada la renovación de la bebida, la pecosa retomó el hilo de la charla.

—Entiendo que necesitaras depositar tu romanticismo en una mujer de carne y hueso, pero ¿por qué elegiste a Deghemteri?

—Te lo voy a explicar. Hace mucho leí la leyenda de Gustavo Adolfo Bécquer, que describe unos ojos fascinantes «con brillo fosfórico, como dos esmeraldas sujetas a una joya de oro». Durante años imaginé esa mirada y me dije: «yo reconoceré a la mujer de mi vida por sus ojos». Los de Deghemteri eran así; además, ella tenía elegancia al caminar, seguridad frente al micrófono. Al estar cerca de ella, mi cuerpo vibraba, la piel se me erizaba y mi visión se centraba en su silueta mientras todo alrededor se desenfocaba.

—No tienes remedio, amigo. ¡Escúchate! ¡En qué te fijabas! Puras *formas*. ¡Cosas superficiales! Ni siquiera conocías bien a esa muchacha y la proclamaste tu Sheccid… ¡Perdiste la cabeza por ella! Volaste muy alto ¡y ya ves lo que sucedió! Te desplomaste al suelo en caída libre cuando descubriste quién era ella en realidad.

—Sí… —aceptó—, casi me vuelvo loco…

4
Desahogo

C.C.S. viernes 4 de febrero de 1983

Deghemteri:

Nunca te perdoné que mancillaras (y de qué forma) la imagen de mi ideal.

Eras una chica hermosa, seductora, tierna… ¡hechicera! (en una palabra). Tus ojos fascinantes (tan parecidos a los de Bécquer), me hicieron caer en un abismo insondable de mítica esperanza.

¡Te llamé "Sheccid" (y a ti te gustaba que te dijera así)! Sabías que el nombre te dignificaba; que te elevaba… Pero de pronto (malagradecida), sin decir ni "agua va", te revelaste ante mí como parte de un grupo sectario, híbrido entre zoroastrismo, santería y culto al peyote.

¡Vaya sorpresa!

Me quedé petrificado al descubrirte en aquella fiesta (a la que me colé de últimas y sin invitación) recitando mantras, fumando, tomando, ¡drogada!, bailando sensualmente y quitándote la ropa para el deleite de una sarta de borrachos. ¡Bribona de mala pinta! Me acerqué a saludarte mientras movías las caderas, te detuve por los hombros y pregunté "¿Sheccid, qué te pasa?", como respuesta me diste un lengüetazo en la cara; después giraste para seguir bailando al coreo de los beodos que te gritaban "¡bravo, Justinianaaaa!"

¿Justina o Justiniana? ¿Quién carajos se puede llamar tan feo? ¡Ahora entiendo por qué dejaste que yo te regalara un seudónimo! El nombre que te puse, además de enaltecerte, te ayudó a hacer a un lado la risible combinación silábica que urdieron tus groseros padres.

19

¡Por todos los santos! ¿Tienes alguna noción de lo que hiciste, bajo el efecto de drogas esa noche (y quién sabe cuántas noches más)? ¿Sabes que me rompiste el corazón? ¡Porque yo creía en ti! Y, por favor (no me lo puedes negar), tú también creías en mí… ¡Nos queríamos! Forjamos una relación especial, en la que ambos estábamos convencidos de ser el uno para el otro. ¡Llegamos a conocernos lo suficiente como para prometernos que no nos traicionaríamos! ¡Nuestra unión se fue fortaleciendo con lo mejor de cada uno de nosotros! ¡Con la nobleza más sincera emanada de dos corazones jóvenes que se aferran a la pureza del primer amor y se niegan a corromperse! Fuimos novios sin serlo. Nos besamos sin besarnos. Y hasta hicimos el amor, sin hacerlo.

Disculpa si estoy excediéndome en mi desahogo, pero tengo un enojo guardado que no he podido expresar. Todo el mundo dice que te idealicé, sin embargo, sé que tienes nobles sentimientos y eres muy inteligente. Varias veces te vi conmovida ante el dolor de otros, te vi improvisando composiciones poéticas, defendiendo a tus compañeros, luchando por dar siempre buen ejemplo. No eres sólo un cuerpo de formas bonitas, eres una mujer completa, muy valiosa y cuando lo pienso así, el enojo se vuelve en contra mía. Quizá simplemente te metiste en problemas, cometiste errores, estuviste sola y débil, y las personas a tu alrededor, en vez de darte una mano rescatándote del pozo cenagoso, te empujaron con el pie… Quizá yo mismo lo hice. Caíste y te di la espalda haciéndote responsable de tu caída e interpretándola como traición.

Últimamente te he soñado atrapada en un calabozo sucio, oscuro y pestilente; secuestrada por una sarta de locos fanáticos.

¿Así te encuentras?

Alguna vez leí que ciertas personas tienen una conexión espiritual capaz de trascender el espacio físico. Por ejemplo, un joven sufre un accidente y su madre despierta en ese momento con una angustia que le oprime el pecho; una mujer fallece y, a lo lejos, su amante se alarma sabiendo que algo grave acaba de ocurrir.

Creo que eso sucede entre nosotros. Como dice Francisco Luis
Bernárdez:

> *Tan unidas están nuestras cabezas*
> *y tan atados nuestros corazones,*
> *ya concertadas las inclinaciones*
> *y confundidas las naturalezas,*
> *que nuestros argumentos y razones*
> *y nuestras alegrías y tristezas*
> *están jugando al ajedrez con piezas*
> *iguales en color y proporciones.*
>
> *En el tablero de la vida vemos*
> *empeñados a dos que conocemos,*
> *a pesar de que no diferenciamos,*
> *en un juego amoroso que sabemos*
> *sin ganador, porque los dos perdemos,*
> *ni perdedor, porque los dos ganamos.*

¿La gente de esa secta te esclavizó?
¿Necesitas ayuda?
¿Sufres de alguna adicción? (Al alcohólico o dependiente de
otras drogas se le insulta, injuria y humilla, en vez de tenderle la
mano como el enfermo que es).
¡Yo hago todo con pasión y no descansaré hasta encontrarte!
Y si estás atrapada, haré lo que sea por sacarte de ahí…
Deseo volver a luchar por ti.
Porque amarte me fortalece.

5
¿Buscarla?

—No te entiendo. ¿Quieres volver a verla? —Ariadne esbozó una mueca de repulsa—, ¿después de *todo* lo que te hizo?

—Presiento que necesita ayuda.

—Y tú quieres dársela.

—Exacto.

—¡Ay amigo! No seas inocente —la pecosa parecía irritada—, déjame resumir: ¡Tú idealizaste el amor; luego, (como tenía que suceder), te decepcionaste y caíste en depresión! ¡Escribiste una novela que le dio sentido a tu caída! —alzó la mano cual directora de orquesta y la movió en zigzag—. *Ese* es el redondeo final del tema. Punto. No le des más vueltas. Sheccid vive en tu corazón. ¡Ahí déjala! ¿Me oíste? En cuanto a Deghemteri, ¡olvídala!

—¿Por qué te alteras tanto, Ariadne? ¿A ti en qué te afecta si yo la busco de nuevo?

—¡Ella ha cambiado mucho!

—Todos cambiamos. Sí, es cierto: se drogó en una fiesta. Sí, varios hombres la querían tocar mientras ella bailaba. Sí, ¡lo vi tan bien como tú!, pero jamás tuve la decencia de acercarme después para preguntarle por qué hizo eso... Di por sentado que era una mujerzuela y preferí tratar de matarla en mis recuerdos antes de perdonarla. ¿Y qué tal si me equivoqué, Ariadne? ¿Quién soy yo para haberla juzgado, quitándole el derecho elemental que todo ser humano tiene de explicar sus actos? ¡Tú misma acabas de recordar que, cuando me conociste, te di una impresión aterradora! Creíste que yo era un degenerado sexual, pero logré comprobarte lo contrario. ¿Sabes por qué? Porque tú

23

sí me permitiste hablar. ¡Dejaste que te contara mi historia! ¡Tal vez, Deghemteri también fue una víctima! ¿No lo has pensado? Pero jamás pudo darme su versión de los hechos. Nunca le di la oportunidad.

—¿Y ahora quieres dársela? ¿Cinco años después?

—Pecosa. ¿Por qué de pronto te veo tan enfadada?

—Porque me importas, amigo… Eres obsesivo y vas a volver a enamorarte de alguien que puede perjudicarte… La idealización destruye, porque proviene de las fantasías ingenuas.

—Pero el amor fortalece porque emana del conocimiento y la voluntad… ¡Yo sólo quiero mirar de frente, otra vez, a la mujer que despertó ese deseo de superarme, y brindarle mi apoyo, como un acto de caballerosidad!

—Don Quijote y Dulcinea.

—Deja de burlarte.

—No sé dónde está.

—¡Era tu vecina!

—Los Deghemteri se mudaron. La casa se encuentra abandonada. El pasto ha crecido y hay basura de varios meses en la acera…

—¿Algún letrero con teléfono de "se vende" o "se renta"?

—No…

—Deben haber dejado datos de adonde iban.

—Amigo. Me parece admirable que tengas hacia *ella* intenciones de altruismo por el simple hecho de haberte inspirado en tu adolescencia; aplaudo que quieras ayudarla (no sé a qué), pero me incomoda ese brillo de esperanza que detecto en tu cara…

—Ariadne… ¡Entiéndeme! Yo no me despedí. No le dije "que te vaya bien, que seas feliz"… Sólo me fui de su vida con la excusa del desengaño… Cuando se muere un familiar, los deudos tienen paz sólo si logran despedirse del difunto… Eso se llama cerrar el ciclo… Yo no lo cerré.

—De acuerdo… Haz lo que debas hacer.

—¿Por qué no quieres ayudarme?

—Bueno, pues la verdad no me interesa seguir sintiéndome utilizada por ti. Desde que te conozco, sólo me has buscado para que te ayude a acercarte a Deghemteri. Dudo de tu amistad. Además ya me cansé de ser tu celestina —miró el reloj—. Es tarde. Llévame a mi casa.

—Pero sigue lloviendo.

—No importa.

La pecosa levantó la mano para pedir la cuenta. El mesero ya la tenía preparada.

—¿Nos vamos?

José Carlos siguió a Ariadne. Se detuvo a pagar en la caja. En el umbral de la puerta había agua.

—¡Corramos! —ordenó ella.

Aunque el auto no estaba lejos, la lluvia era tan copiosa que cuando lograron entrar al coche se habían empapado.

—¿Por qué tanta prisa? —recriminó él—. Mira nada más cómo quedamos. Parecemos nutrias en primavera.

—Me cansé del tema… eso es todo… Enciende la calefacción para secarnos.

José Carlos prendió el motor y giró la manivela del calefactor, pero el aire salió frío.

La luz exterior del estacionamiento iluminaba parcialmente el interior del auto.

—Estás tiritando —notó él.

—Un poco… —entonces ella hizo un movimiento de orfandad y se acercó a su amigo; susurró—. ¿Me abrazas?

Él se aproximó a su compañera y la atrajo hacia él.

De inmediato sintió la gravitación magnética de dos cuerpos que, pese a todos los prejuicios mentales, agradecían el contacto.

La pecosa se acurrucó un poco como gatito que ronronea.

Se dio cuenta de que estaba a punto de franquear una barrera de la que no había retorno. El contexto era obvio: La noche, la lluvia, el auto cerrado, los vidrios empañados, el vestido escotado de Ariadne, sus pechos prominentes, su ropa mojada…

Quiso dejarse llevar por los instintos.

6
Amores eróticos

C.C.S. viernes 11 de febrero de 1983

Hoy cené con Ariadne en un restaurante; al salir, nos mojamos con la lluvia. Ella se veía bella, provocativa, sensual. Llevaba un vestido de seda que, empapado, se le pegaba al cuerpo transparentando su ropa interior. Me pidió que la abrazara para calentarse un poco porque tenía frío... Y yo la obedecí sin oponer objeción alguna. ¡Qué sensación tan placentera me embargó! Hubiese querido permanecer ahí por siempre. Pero después hice un esfuerzo y me separé de ella. Sus largos cabellos rojizos habían perdido las ondulaciones que los caracterizan y desplomados escurrían gotas de agua sobre su vestido.

Qué visión más espectacular y privilegiada. Cualquier hombre hubiera pagado una fortuna por estar en mis circunstancias.

Se me secó la garganta y la contemplé con la boca abierta. Porque claro. No soy ciego ni eunuco. ¡Tuve deseos de volver a abrazarla, acariciarla, besarla e incluso más! Pero supe que si seguía estrechándola, (y tal vez me atrevía a explorar algún tipo de caricia) los instintos tomarían el control y perdería la cabeza. No podía permitirlo, sobre todo porque al sopesar la posibilidad de convertirme en pareja de Ariadne percibí en el estómago una contracción de rechazo, casi de alarma incestuosa. ¡Ella es como mi hermana!

Eché a andar el auto y salí a la calle, manejando.

No dije palabra por varios minutos. Pobre Ariadne. Mi silencio fue para ella más frío que las gotas del chaparrón.

Analizando los hechos, puedo asegurar que lo que hicimos, o mejor dicho lo que dejamos de hacer, nos fortaleció como personas...

Desde hace varios días he reflexionado y leído sobre ese concepto. «La fortaleza humana». Lo que nos la brinda y lo que nos la roba:

Pienso en un convaleciente que acaba de salir del quirófano. Tiene una debilidad física extrema por los efectos del ayuno, la anestesia y el bisturí; incluso se ve pálido. Al ponerse en pie se marea y necesita detenerse para no caer; debe salir de ese estado pronto, luchar por ganar fuerzas otra vez, si quiere sobrevivir. Y así es nuestra vida; en todas las áreas: física, mental, espiritual, social, relacional… Sólo somos eficientes, si estamos fuertes.

Volviendo al tema de Ariadne y de las relaciones eróticas, tengo una teoría:

Hay seres humanos a quienes la vida los ha unido para que sean **amigos**. Así, «son más fuertes gracias a su amistad».

Hay seres humanos a quienes la vida los ha unido para ser **compañeros de trabajo**. Así, «son más grandes por su relación de equipo».

Hay seres humanos a quienes la vida los ha hecho **familia**. Así, «su relación familiar los vigoriza».

Propiciar un contacto erótico con alguien que está cerca de nosotros "para otro propósito", nos debilita y mata la relación.

Por ejemplo:

Conozco a un buen gerente (casado), que hacía una extraordinaria mancuerna con su colaboradora licenciada (también casada). Ambos se complementaban y resolvían asuntos de trabajo muy complejos; lograban resultados sobresalientes. Su relación los hacía fuertes en el área profesional. Pero un día, al gerente se le ocurrió que la licenciada era una mujer hermosa; la sedujo y ella se dejó seducir. Tuvieron contacto íntimo. Después de eso, los dos se volvieron débiles (como individuos) y perdieron la riqueza que tenían trabajando juntos. Dejaron de ser competentes. Contaminaron y descompusieron el engranaje que los hacía poderosos. ¡Su contacto erótico los acabó individual y profesionalmente!

Aunque dos hermanos, hombre y mujer, sean fortísimos en su unión, si tienen relaciones sexuales incestuosas se destruirán…

Si dos colegas de trabajo practican caricias y besos, acabarán devastados…

El amor erótico no puede suceder "con quien sea". Sólo engrandece el alma del ser humano cuando se da entre personas adecuadas.

Sé que Ariadne se enfadó porque preferí no experimentar con ella una relación más íntima. Yo mismo, al recordar sus cabellos mojados, escurriendo sobre ese vestido transparente, me enfado y me arrepiento de impulso. Pero después me doy cuenta que sigo sintiéndome fuerte para defender lo que creo.

¿Y qué es lo que creo?

Muy sencillo:

Que Ariadne y yo fuimos hechos para ser amigos… Mientras que Sheccid Deghemteri y yo, fuimos hechos para ser pareja…

7

Su verdadero nombre

Ariadne y José Carlos se separaron como si hubiesen recibido un toque eléctrico. Ella se hizo para atrás y miró por la ventanilla de su lado. Él movió la palanca de velocidades, echó el auto en reversa, encendió los limpiadores y manejó hacia fuera del estacionamiento.

Iban callados, pensando en lo que estuvo a punto de suceder, y evaluando la posibilidad de dejar que ocurriera otra vez...

Él aún se sentía excitado y luchaba por dentro con ideas contrapuestas. ¿Por qué no aprovechar la oportunidad de un encuentro físico con su amiga? ¿Por qué renunciar a esa aventura?

A sus veinte años no había conocido mujer (en el sentido bíblico del término), y a veces sentía que los sofocos lo ahogaban por las noches.

Mientras conducía, veía la imagen de Ariadne, mojada, dejando a la vista los encajes de su ropa íntima, deseosa de ser besada y acariciada.

El periférico estaba congestionado. La lluvia había causado encharcamientos.

Después de un largo rato, al fin retomó la iniciativa de una charla amistosa:

—Platícame, Ariadne. ¿Tienes novio? ¿Cuántos has tenido?

Ella apretó los labios y movió la cabeza como enfadada. Luego contestó:

—Salí con un par de muchachos, tratando de olvidar, pero no resultó.

—¿Olvidar?

—Tú sabes. Lo que vivimos juntos nos marcó a los dos, no sólo a ti.

—¿Qué… fue lo que vivimos… juntos?

—Yo observé tu romance con Deghemteri, fui testigo presencial de todo lo que pasó entre ustedes; *ella* era mi mejor amiga y tú te convertiste en mi mejor amigo también; jugué un papel de mediadora que acabó afectándome… vi de cerca la forma en que la amabas y luchaste por *ella*… pero también la forma en que *ella* te despreció una y otra vez. Dentro de mí se gestó una idea. ¡Yo quiero ser amada así, deseo encontrar un hombre que me quiera y luche por mí como tú quisiste y luchaste por tu Sheccid! ¡No me conformaría con menos! Así que me has echado a perder, amigo. Si acabo de postulanta en un convento, será culpa tuya.

Las palabras de Ariadne resonaron dentro del vehículo como chocando con los vidrios y causando eco.

—Pues así como vamos —respondió él—, quizá nos acompañaremos para vestir santos en pareja.

—Qué ridículo. Suena casi a sacrilegio.

—Entonces ¿me ayudarás a encontrar a Justina?

—No se llama Justina…

—Pero… En esa fiesta le decían así…

—Cierto. En esa fiesta…

—¿Cómo se llama entonces?

—Sheccid.

—¡Deja de bromear!

—Está bien. Su verdadero nombre es Lorenna; Lorenna Deghemteri…

—¿De verdad? ¡No puedo creerlo! ¡Lorenna es un nombre lindo! ¿Por qué le llamaban Justina en la fiesta?

—A mí también me sorprendió eso. Como dices (y en ello te doy la razón) ella no pudo explicarnos nada. ¡Se fue de la escuela a los pocos días y jamás me enteré por qué usaba dos nombres! Pero se generaron muchos rumores. Algunos decían que le cambiaron el nombre en el grupo de Mario Ambrosio. El *Club de la dicha*. Así le llamaban a su comunidad, "de la dicha". ¡Ja! Pornografía, droga, bailes, fiestas y ritos seudoreligiosos…

—¿O sea que Lorenna (la niña buena), se disfrazaba de Justina (la niña mala), por las noches?

—Eso se murmuraba.

El joven permaneció con la vista fija; después susurró:

—¡Mario Ambrosio!… ¡Él la metió a ese *club*! ¡Él la atrapó! ¡Él la corrompió (como estuvo a punto de hacerlo contigo y conmigo)! ¡Mario le gritaba "Justina" en aquella fiesta mientras ella bailaba! El *Club* ¿*"de la dicha"*, dices?, ¿todavía existe?

—Hace mucho se deshizo… pero dejó secuelas. Las personas que salieron de ahí, ahora están metidas hasta el cuello en el crimen organizado. Así que, amigo, no trates de jalar la hebra de ese hilo porque puedes acabar atrapado en él, como insecto en una telaraña. Te lo diré en tus términos: no te fortalecerás, sino todo lo contrario; te debilitarás más que nunca.

Llegaron a la casa de la chica. Él se estacionó y giró para interrogarla.

—¿Crees que Lorenna también participe en negocios sucios?

—No lo sé.

—¡Maldición! Tú comentaste que hace poco la viste…

—Sí… en un mercado de artesanías, pero tal vez la confundí. Todos los hippies se parecen.

—¿Sigue usando drogas?

—De verdad no lo sé…

—¿Has hablado con ella?

—Me llamó por teléfono hace poco para invitarme a un congreso. No sé de qué. Yo estaba distraída y ella parecía tener prisa.

La sujetó por los hombros como se hace con alguien a quien se le tiene demasiada confianza.

—¿Te dejó su número o dirección?

—No. Lo siento.

—¿Dónde la encuentro?

—¡Idiota! Me lastimas.

Ariadne bajó del auto y cerró la puerta sin despedirse.

8

La anciana

Durante varios días se la pasó indeciso, como quien sube a un trampolín dispuesto a tirarse, pero luego lo piensa mejor y se detiene al borde de la fosa por horas.

Hablar con la pecosa lo dejó entumecido.

Seguía pensando que Deghemteri (ahora sabía que se llamaba Lorenna) lo necesitaba y debía buscarla. También sabía que su excompañero Mario Ambrosio podía llevarlo a ella; sin embargo, le asustaba la idea de abrir esa cloaca.

Llegó a su universidad y se enteró de que un eminente empresario extranjero estaba visitando el campus e impartiría una conferencia de negocios. Las clases se suspenderían durante dos horas. Muchos estudiantes caminaban por los pasillos a raudales hacia el aula magna. Otros, aprovechaban el evento extracurricular para salir del campus e ir a los billares cercanos o a las fondas de comida.

José Carlos se paró en medio de las dos afluentes. La conferencia era valiosa, pero él necesitaba dirimir otros asuntos. Aprovechar el tiempo. Fue al estacionamiento, se subió al auto y salió a la calle manejando.

Había decidido romper ese círculo vicioso de «duda - temor - parálisis». ¡Haría algo!

Condujo hacia la casa de Deghemteri. Manejó despacio y se detuvo frente al portón herrumbroso.

En efecto, el inmueble estaba abandonado.

Avizoró el acceso marrón y recordó la última vez que estuvo ahí. Fue la noche de la fiesta.

Mario Ambrosio les abrió la puerta a Ariadne y a él, preguntando:

35

—¿Qué haces aquí, enano?

La pecosa se adelantó a responder.

—Nos invitaron a la reunión, ¿podemos pasar?

Mario entonces les dio acceso mascullando:

—Ya sabía que tarde o temprano estarían interesados en nuestro club.

¡Cuantas preguntas renacieron en su mente frente a ese caserón! Durante años las ocultó en el subconsciente como quien se empeña en tapar el sol con un dedo, a sabiendas que el sol tarde o temprano se impone y se expone y quema y prevalece.

Arrancó el auto dejando atrás el inmueble abandonado y condujo hacia el barrio en el que su excompañero Mario Ambrosio pasó la mayor parte de su infancia.

En esa colonia todo parecía distinto, sórdido, deteriorado. Si antes la zona era modesta, ahora, podría calificarse de misérrima.

Se paró frente a la casa de Mario y tocó con los nudillos. Sólo tuvo que hacerlo un par de veces. La madre de su amigo abrió.

—Hola, señora, ¿se acuerda de mí?

—No…

—Soy José Carlos.

—¿Quién?

La última vez que vio a esa mujer, parecía avejentada, casi mortecina a causa de las penurias provocadas por su único hijo sinvergüenza. Pero esta vez la notó más repuesta. Robustecida, incluso. Se había pintado las canas de un tinte castaño y hablaba con la entonación sólida de una mujer que ha tomado las riendas de su vida.

—Soy José Carlos… —insistió—. Acuérdese. Amigo de su hijo… él y yo éramos inseparables, cuando fuimos niños.

—Yo no tengo hijos —ostentaba una voz ronca de fumadora insaciable.

José Carlos se pasmó un segundo, dudando si se habría equivocado de puerta. Echó un vistazo al interior de la sala y comprobó que había un rifle colgado en la pared. Era de diábolos. Mario Ambrosio y él lo usaron para cazar ratas en La Cañada, antes de que construyeran casas.

—Acuérdese, señora —insistió—. Yo estuve junto a Mario cuando él decidió irse con el tipo que vendía pornografía. Después, mis padres y yo vinimos a verla, y usted nos acompañó a levantar una denuncia. ¡No pudo haber olvidado todo eso!

La anciana se encorvó, como si un fantasma le hubiese oprimido la cabeza.

—Hace tiempo que no se habla de Mario por aquí —dijo reconociendo que sí tenía hijos; al menos uno—. Pasa.

El joven entró a la casita. Aunque humilde, se veía pulcra, ventilada, en orden.

—¿Cómo está, señora? —le tendió la mano; ella correspondió, pero no lo invitó a sentarse.

—Estaba bien hasta que llegaste. He luchado mucho por dejar el pasado atrás.

—El pasado forma parte de nosotros.

—No cuando se convierte en un bandido que nos roba el aliento.

La vieja tenía razón… él concordaba en rechazar todo lo que le quitara fuerzas. Era uno de los principios que estaba descubriendo.

—¿Mario nunca regresó con usted?

—Nunca; a él lo secuestraron… —quiso contradecirla; aclarar que su retoño huyó por voluntad propia (él lo vio)—. Hoy a ese tipo de rapto le llaman "trata de personas"; las víctimas pagan su derecho a vivir con favores sexuales… ¡Mi pobre Mario!; era un niño…

—Sí —en eso le dio la razón—. Los dos lo éramos. Teníamos catorce años.

—¡Pero tú escapaste del proxeneta!

—Corrí de ahí. Mario prefirió quedarse...

—Bueno, bueno... cállate; no ventiles esos asuntos tan a la ligera —y guardó silencio como tratando de zanjar el acertijo que la había afligido por más de un lustro—. ¿Qué quieres?

—Estoy buscando a una joven, a quien Mario reclutó para el *Club de la dicha.*

—El club... —la vieja sonrió entre ofendida y burlona—, *de la dicha.* ¡Qué reverenda estupidez! ¿No te parece?

—Se llama Lorenna Deghemteri.

—¿Cómo?

—La chica que busco. Así se llama.

—Mario andaba con muchas mujeres... yo no trataba con ellas. Él se fue de aquí —y agregó—, para siempre.

—¿Dónde puedo encontrarlo? Necesito verlo.

La anciana miró al joven con perspicacia y movió la cabeza.

—¿Aceptarías el consejo de una señora que ha sufrido muchísimo? —dio un paso hacia delante y él tuvo el impulso de dar otro hacia atrás, pero se quedó en la misma posición—. Tú pareces un buen muchacho. No te metas en problemas.

—¿A qué se refiere?

Ella emitió un gruñido gutural, bajó el tono de voz aún más y esbozó un rictus nebuloso, dispersando su fortísimo aliento a tabaco.

—Te salvaste una vez. La próxima tal vez no tengas tanta suerte... —José Carlos contuvo la respiración y sintió que los brazos le hormigueaban; la vieja concluyó como dándole una orden—. Deja el pasado atrás.

—Señora —fingió calma—. Las personas debemos ser capaces de corregir los errores del ayer para beneficio del presente.

—Pues yo prefiero mirar al futuro. Es lo que me mantiene viva… Te sugiero que hagas lo mismo.

—¿Dónde puedo encontrar a Mario?

La mujer se replegó. Agachó la cara y sopló varias veces como quien trata de apagar las velas de un pastel imaginario.

—En la tienda más grande de la Zona Roja.

—¿La tienda?

—Mario es el encargado.

—¿Qué tienda?

—La reconocerás. Sólo ve a la Zona Roja.

9

El Cacarizo

Llegó a la Zona Roja cuando había oscurecido por completo. En efecto, le fue fácil reconocer la tienda; era de pornografía y juguetes para adultos. Tenía un letrero luminoso con el nombre comercial. Se llamaba *La dicha*. Abarcaba casi una cuadra entera.

Caminó alrededor de la manzana. Había un hotelito de paso y un local anexo que hacía las veces de club nocturno sobre cuya entrada se anunciaban los mejores bailes eróticos con *princesas en vivo*.

¿Princesas - en - vivo? El anuncio, además de irritarlo, le hizo pensar en posibilidades aterradoras.

Varias mujeres practicantes del oficio más antiguo de la Humanidad se le interpusieron ofreciéndole sus servicios. Las evadió con una sonrisa ingenua. Pero luego recordó, espeluznado, el anuncio de la marquesina, y regresó sobre sus pasos a verlas mejor. Ellas supusieron que el joven estaba catando la mercancía y se aventuraron no sólo a usar su elocuencia verbal para venderse, sino incluso sus manos para tratar de estimularlo.

Sin decir nada, agrandó las zancadas, decidió seguir de largo y escapar de ese sitio. No entraría a la tienda. Pero al pasar por la puerta se detuvo espoleado por una insensata curiosidad. Dio unos pasos laterales tratando de vislumbrar el interior; fue inútil; cuando se dispuso a abandonar el terreno, percibió a alguien parado justo detrás de él.

—No te quedes ahí —la voz viscosa provenía de un sujeto gordo y alto que se había colocado a sus espaldas—. Vi que andas revisando a nuestras chicas.

—Disculpe. No reviso a sus chicas. Sólo busco a un amigo.

—¿Tiene amigos aquí?

—Sí.

—Pásale.

Se dio cuenta que era una orden cuando el hombre le apretó el músculo trapecio del cuello y lo empujó hacia el interior.

Empezó a jadear de forma involuntaria, como si un mecanismo de defensa lo preparara para huir.

—Me molestan los fisgones. Yo me encargo de que la gente sin oficio ni beneficio, aprenda a no husmear en esta zona.

—Lo siento. De verdad, tengo un amigo. Se llama Mario Ambrosio. Íbamos juntos en la secundaria.

—¡Oh! —el tipo desenfundó una lámpara de mano que traía en el cinturón, la encendió y le alumbró la cara—. Yo te conozco —y gritó— ¡Cacarizo, ven!

Apretó los dientes. ¿Cómo podía estar sucediéndole eso?

Miró alrededor con desesperación. El sitio era un espacio oscuro, alumbrado precariamente con luces ambarinas. Adentro, había dos hombres revisando artículos de la estantería. La pared principal estaba llena de películas pornográficas. Al fondo se veía un pasillo con cubículos diminutos provistos de televisores y cortinas negras. Algunos de los espacios estaban ocupados por hombres que miraban, a solas, los materiales alquilados.

Desde una suerte de oficinas improvisadas con canceles de herrería salió aquel sujeto infame, moreno y cacarizo que secuestró a su amigo de la secundaria y estuvo a punto de capturarlo también a él y a la pecosa. Lo reconoció cuando se le acercaba. Ahora tenía canas, pero era el mismísimo promotor del negocio sucio en las escuelas.

Quiso zafarse del grandulón. No pudo.

—Mira quién vino visitarnos —anunció el regordete.

—Vaya, vaya. Carajo, carajo. ¡A quién tenemos aquí! Nuestro amigo el puritano.

—Yo sólo quería hablar con Mario…

—¿De veras, animal? ¿Todavía quieres rescatarlo? —Volteó a ver a su esbirro—. ¡Háblale a Mario Ambrosio! Dile que tenemos una visita… Mientras tanto, voy a hacer cuentas con este imbécil. A ver… —de improviso, con movimientos felinos, agarró a José Carlos del suéter y lo empujó hasta ponerlo contra la pared—. Tú pusiste una demanda en mi contra. ¡Me acusaste de corrupción de menores!

—No… no fui yo…

—Me llevan los mil demonios, tienes razón, fueron tus papás y la mamá de Mario… —apretó el codo sobre el cuello del joven—. ¡Pero tú les dijiste lo que debían decir! ¿Qué más? Ah, sí. También te hiciste el valentón un día que llegué a tu escuela, me arrebataste mis materiales y los rompiste.

—Era sólo una revista.

—Te equivocas, burro. ¡Rompiste fotografías originales que nunca recuperé! ¡Además me hiciste mala fama! Me causaste desprestigio entre mis clientes. ¿Eso cuánto vale? ¿Cómo me lo vas a pagar? Carajo. ¡Los abogados le llaman perjuicio moral! Tienes que indemnizarme. La policía nos persiguió durante meses por tu culpa.

—Yo… yo… no quería perjudicarte…

—¡Oh! —Aflojó la presión como para dejarlo ir—, lo hubieras dicho antes —entonces con otro movimiento repentino le aprisionó la oreja y lo arrastró hacia el pasillo de cubículos privados. José Carlos se resistió. El sujeto le dio un gancho al abdomen con el puño cerrado y lo arrojó al taburete escondido de un cuarto. Cayó sobre la pantalla del televisor y se dobló hacia delante, haciendo trastabillar la videocasetera.

—¡Ten cuidado con mis cosas! Si rompes algo, te mato…
—José Carlos levantó la cara; el hombre aprovechó para atraparlo del cuello—, aunque pensándolo bien, ¿para qué esperar a que rompas algo?, eres una porquería.

El tipo le apretó la tráquea con intenciones de asfixiarlo. Quiso zafarse; entonces sintió una punta de metal con filo en la ingle.

—Te mueves y te corto los testículos.

Quedó inmóvil. Con la cara hinchada de sangre y los pulmones casi vacíos. Al percibir que, en efecto, estaba a punto de sufrir un daño irreversible, lo invadió el pánico y se debatió haciendo un nuevo intento de escapar, pero fue inútil… cuando iba a perder el conocimiento, el sujeto lo soltó.

Cayó al suelo.

Tosió.

Ahí recibió una lluvia de patadas. Como su prioridad era volver a respirar, ni siquiera se protegió la cabeza.

El castigo terminó como empezó. Sin razón y sin aviso. Alcanzó a escuchar la voz del Cacarizo, delegándole a alguien más que se encargara de él.

—Aquí te lo dejo, ya le di su calentadita —se sacudió las mangas—. Prepárale un papel en donde reconozca todo lo que nos debe. Como le hacemos con nuestros deudores. Ya sabes. Recuerda que en esta empresa todo se lleva a cabo de manera legal.

—Sí…

Tardó en incorporarse. Cuando al fin lo hizo, se palpó el cuerpo y la cara cotejando que no tuviera un hueso roto.

—¿Qué haces aquí, chaparro imbécil?

Era Mario Ambrosio.

10
Antena parabólica

C.C.S. jueves 17 de febrero de 1983

Odio reconocerlo.

La anciana tenía razón. Ariadne también.

Hay lugares a los que no se debe ir. Personas a quienes convendría evitar.

Me duele todo el cuerpo; estoy inflamado, abrumado, asqueado... Casi pierdo la vida. De hecho, nunca antes estuve tan cerca de morir. Tengo varias tumefacciones en la cabeza y moretones en los brazos. Pero eso no es lo peor. El cuello me escose y no puedo dejar atrás la sensación de ahogamiento...

Hace rato, cuando llegué a la casa, encontré un escenario inusual.

Ya iban a dar las once y, dado que mi padre practica con orgullo el aforismo de "a las diez en la cama estés, si puedes antes, mejor que después", no me esperaba hallar a todos reunidos en la sala.

Mis hermanos mantenían la postura estática como guardando un secreto. Entonces papá encendió la televisión y escuché las voces de mis hermanos que coreaban:

—¡Sorpresa!

Apareció una locutora que hablaba en inglés.

—¿Qué es esto?

—Papá la compró —dijo Pilar—. Vino un camión enorme a dejarla. Está en la azotea. La subieron entre cuatro hombres. Ahora podremos ver canales de todo el mundo a todas horas.

—No a todas horas —dijo mi madre—, tendrán que acatar ciertas reglas.

—¿Más horarios? —Preguntó Lili, decepcionada—, el año pasado, cuando compramos la videocasetera, nos hicieron lo mismo. ¿Para qué tenemos los últimos avances tecnológicos si no podemos usarlos?

—¿Compraste una antena parabólica? —Me dirigí a papá—. ¿Cómo funciona?

—Es un plato de metal enorme. Cuatro metros de diámetro. Capta la señal de un satélite y puedes ver canales internacionales. Si quieres cambiar de satélite, debes subir a la azotea y mover una manivela. Los engranes modifican la orientación del plato. Claro que alguien tiene que ayudarte desde abajo a lograr la posición adecuada gritándote por la ventana cuando se sintonice la señal.

Escuché a mi padre explicarme con gran orgullo los detalles del modernísimo aparato y me acerqué a él para preguntarle en un susurro.

—¿Por qué lo compraste? Necesitamos comprar máquinas de escribir para el negocio. No tenemos suficiente dinero.

—Sí tenemos. ¡Las inscripciones al curso de secretarias ejecutivas han sido un éxito! ¡En menos de quince días hemos recibido a más de cien interesadas! Nuestra escuelita de comercio crecerá. Claro que se avecina muchísimo trabajo.

Estaba tan motivado que lo abracé. Por desgracia, olvidé mis moretes e inflamaciones. Me separé, adolorido.

—¿Qué te pasa?

—Creo que tengo una costilla fisurada.

—¿Por qué?

En mi familia cometemos muchos errores, pero hay algo que hacemos bien: no nos decimos mentiras.

—Me metí en un problema, papá.

—¿Cuál?

—Estoy buscando a Sheccid Deghemteri de nuevo.

Mi padre arrugó toda la cara como perro Shar Pei. Luego, cuestionó más decepcionado que enfadado:

46

—¿Estás buscando a esa niña de la secundaria? ¿Todavía existe? ¿No la habías mandado a la tumba? Todos creíamos que ya habías superado esa etapa.

—La superé, sólo que he soñado con ella y presiento que necesita ayuda. Desde hace años no la veo… Pensé que Mario Ambrosio podía darme alguna pista para encontrarla. Él trabaja en un sitio de mala muerte. Todavía ejerce el negocio de la pornografía.

Mis palabras produjeron un efecto de alarma en la familia. Papá había cruzado los brazos y apretaba fuertemente los labios. Apagó el decodificador del satélite. Se hizo el silencio.

—Continúa —dijo.

—Llegué a la tienda en la que venden esos productos y pregunté por mi excompañero. Entonces apareció el Cacarizo. ¿Lo recuerdan? El tipo a quien demandamos hace años por corrupción de menores. Me reconoció. Dijo que le debo dinero. De repente comenzó a golpearme. Apretó mi cuello y después, cuando yo ya no podía respirar, me dejó caer. Ahí me pateó.

Hubo un momento de tensión incontenible y al fin el volcán estalló: "¿Qué te pasa?" "¿Estás mal de la cabeza?" "Pudieron matarte." "¿Para qué buscas a esa muchacha?" "Deja de hacer tonterías." "Usa el maldito cerebro."

Mi madre fue la única que no mencionó ninguna imprecación. En cambio, caminó hasta mí y me levantó la camisa.

—Déjame ver.

No encontró ninguna herida que curar. La piel estaba enrojecida por contusiones. Los daños eran internos.

—Esto puede afectar tu rendimiento en el ciclismo —papá deploraba—; ¡estás en un proceso de selección nacional! ¿No te das cuenta?

—Sí… lo sé… veré a un doctor.

—¿Y se puede saber a qué hora tuviste tiempo para ir a ese sitio? ¿No se supone que en las tardes asistes a la universidad?

—Las clases se suspendieron porque llegó un empresario extranjero a dar una conferencia en el aula magna. Algunos estudiantes, *pocos, entraron a la charla, otros se quedaron en las fondas y billares cercanos, y el resto nos salimos.*

—*¡Además, eres cínico!*

No supe responder. Caray. Tal vez lo era.

—*Sigue contando —se atrevió Pilar—. ¿Qué pasó después de que te golpearon?*

Recordé:

Permanecí tirado en el suelo por un rato. Luego levanté la cara y vi a Mario Ambrosio; me dijo:

—¿Qué haces aquí, idiota? ¿Viniste a que te dieran una calentadita?

—Vine a buscarte.

—¡Eres un pendejo! Tuviste suerte de que no te mataran. Párate y camina por delante.

Lo obedecí. Fuimos a las oficinas.

—Déjame escapar.

—Ni madres. Cada quien debe cuidarse a sí mismo.

—¿Ahora qué quieren?

—Dame tu cartera.

Apenas la extraje del pantalón, me la arrebató de un zarpazo. Sacó todo el dinero y se quedó con mi identificación oficial. Después me obligó a firmar tres pagarés sin llenar.

—*¡Cómo! —Papá comenzó a bufar como toro de lidia—. ¿Firmaste pagarés en blanco? ¿Tienen tus datos personales? ¡De seguro te amenazaron con ir a buscarte a ti o a tu familia si no les das dinero! ¿Verdad?*

—*Sí… ¡Pero no me dijeron cuánto, ni cuándo!*

—*Carlos. ¡Has puesto en peligro a tus hermanos y a tu madre! ¿Te das cuenta de lo que hiciste?*

—*Mario, me va a ayudar. Creo. Se lo pedí.*

—*¡Pero si él fue quien te quitó tu credencial y te hizo firmar!*

—*Porque lo obligaron.*
Terminé de recordar.

Mi excompañero evitaba verme a la cara.

—Ya nos comunicaremos para decirte cuánto nos debes.

—Mario, necesito hablar contigo. ¿En donde te puedo ver?

—Cállate, idiota.

El Cacarizo entró a las oficinas acompañado de otro sujeto joven vestido con un traje gris, tan brillante que parecía de metal; camisa negra y corbata anaranjada. El gordo los escoltaba.

—¿Ya terminó de firmar los papeles?

—Sí —Mario le mostró el folder—. Aquí están.

—¿Tenemos su dirección y teléfono para estar en contacto?

—Claro.

—Bien, José Carlos, te puedes ir —el Cacarizo fingió amabilidad—; ah, mira, te presento al Patrón. Así le decimos todos. El Patrón —señaló con orgullo al hombre del traje centellante, quien hizo una leve inclinación de cabeza—. Es el de los billetes; lo que nos debes a nosotros se lo debes al Patrón. Además, no se te olvide —me palmeó la espalda—... Nuestro territorio es como Las Vegas: Lo que pasa aquí, se queda aquí...

No contesté.

En cuanto pude, salí casi corriendo. Mario me siguió hasta la puerta. Al verlo detrás de mí regresé sobre mis pasos, desesperado, y lo tomé de la camisa.

—No dejes que ese tipo me vaya a hacer daño... recupera mi identificación y devuélvemela... Ayúdame, amigo...

—Quítame las manos de encima, llorón. ¿Para qué viniste aquí?

—Quería platicar contigo. Saber cómo estabas.

—No te creo.

—También me interesa encontrar a alguien que tú conoces.

—Imbécil.

—¿Cuándo puedo verte en otro lugar?

Entonces mi excompañero de la secundaria se apiadó de mi abatimiento; giró la cabeza hacia todos lados y me dijo como en secreto:

—Todas las noches, saliendo de aquí voy a tomar una copa al bar de enfrente; ahí te espero. Mañana a las once.

11
El bar

Esta vez su papá no estaba dispuesto a dejarlo solo.

José Carlos llegó al bar a las diez cuarenta y cinco. Su padre entró a la cantina minutos después. Se habían puesto de acuerdo en hacerse pasar por mutuos desconocidos. Había varias sillas vacías y pudieron sentarse en mesas adyacentes.

Miró a través del vidrio y distinguió el letrero neón que anunciaba *La dicha*. De inmediato percibió un temblor involuntario de sus manos al revivir la paliza que recibió la noche anterior. No sólo le dolía todo el cuerpo; sentía el alma rota.

Esa mañana le habían practicado estudios médicos y encontraron que, en efecto, tenía una costilla fisurada. Los demás golpes sólo le causaron tumefacciones. El doctor le recomendó no hacer esfuerzos que comprometieran los músculos del tórax, pero le permitió seguir entrenando en bicicleta.

—Así que andas por aquí, renacuajo.

Giró sobresaltado.

—Mario. —La noche anterior, entre la adrenalina y el miedo no lo vio bien. Su excompañero tenía los ojos hundidos, el cabello largo, bolas metálicas en la nariz y labios, casi todo el cuerpo tatuado. Su cuerpo era huesudo y enjuto, como de un enfermo terminal. Cualquiera podría adivinar que se había cumplido en él la paradoja de los adictos: fue *consumido* por las drogas que *consumió*.

El papá de José Carlos movió discretamente su silla para tratar de acercarse a ellos, pero Mario se incomodó.

—Vamos a otra mesa.

—Aquí estamos bien.

—No.

Se levantó y caminó al extremo opuesto. José Carlos lo siguió echándole un vistazo a su padre para decirle con mímica que no había problema.

En cuanto volvieron a sentarse, le preguntó a Mario:

—¿Todavía grabas películas?

—Claro que sí, cabrón, eso es *lo mío*.

—Pero estás muy flaco y demacrado... no pareces un modelo sexual...

—Hay películas de muchas clases y para todo tipo de gente. La vida real es muy distinta a lo que te imaginas.

—¿Cómo es la vida real?

Pidió una botella y dos copas. Llenó ambas a rebosar. De nada sirvió que José Carlos le advirtiera sobre su abstinencia.

—En la vida real se chupa, así que éntrale.

Hizo el ademán de tomar, pero el líquido le abrasó la lengua. Esa bebida era como alcohol de noventa y seis.

—Así que todavía grabas videos... —retomó.

—A veces... pero ahora son más fuertes.

—¿Cómo?

—Tus oídos virginales no quieren oír eso... además te estás haciendo pendejo con la copa. Chúpale, cabrón o te voy a dar otra madriza.

El instinto de supervivencia lo hizo levantar el vaso con intenciones de ingerir su contenido, apenas pudo darle un sorbo; sintió que se ahogaba. Había sido demasiado intimidado en los últimos días y ya no podía sucederle algo peor.

—Yo no tomo —bajó la copa—. No sé tomar. No me gusta y no voy a hacerlo —tosió—. Vine a platicar contigo, con mi amigo de la secundaria. No a embriagarme. Así que te sugiero que tú también dejes de beber, porque detesto platicar con borrachos.

Mario se quedó mirándolo unos segundos y después soltó una carcajada.

—Está bien, pato que le tira a las escopetas... ¿de qué quieres hablar?

—De nada en especial —hizo un gesto de condescendencia—. Me estabas contando sobre lo que haces ahora...

Ambrosio asintió y habló en tono confidencial.

—Todos buscamos placeres, uno te lleva a otro y ese a otro más, hasta que ya no te sientes satisfecho con nada... entonces haces experimentos.

—¿Droga?

—Sí, pero no sólo eso.

—¿Orgías?

—También... aunque hay cosas peores.

—¿Qué puede ser peor?

—Cuando las personas pierden toda su dignidad —estaba reconociendo que él la había perdido—, usan aparatos y objetos que puedan meterse por todos los orificios posibles. Mientras tienen sexo practican violencia, golpes, latigazos y rajaduras con filos cortantes; inventan máquinas para sujetar a mujeres que violan entre muchos. Se provocan vómitos y se embadurnan con secreciones...

—Ya... Ya entendí.

—Bueno, pues todo eso se filma, se vende y se promueve. ¡Aunque no lo creas hay muchos clientes que se pelean por el material de *slap sex*! Tanto ellos, como los actores participantes estamos podridos —golpeó la mesa para enfatizar—, ésa es la palabra, podridos por dentro y por fuera. ¡Somos capaces de cualquier cosa! ¡Hasta de lo más marrano y repugnante! ¡No tenemos límites! ¡Ninguno! ¡Y sé lo que digo!

Mario parecía zambullido en pensamientos malditos que le dibujaban en el rostro visajes retorcidos. Él no sólo había filmado pornografía; se había revolcado en la suciedad extrema, profanado por unos y abusando de otros, mancillándose a sí mismo y ultrajando a los demás.

—Ahora entiendo —trató de sonar casual—, por qué te ves tan acabado...

—Sí, cabrón. Soy una mierda. Literal. Una mierda con patas.

La charla con Mario había dado un giro inesperado. Ahora entendía que sus problemas eran mínimos comparados con los de él.

—Busquemos un psicólogo —sugirió—, un médico, un consejero... puedes escapar. Mientras estés vivo, hay esperanza.

—¡Para nada, güey! A mí nadie me rescata del infierno.

—Deja de decir tonterías. Todos podemos crear un nuevo futuro. Incluso, mientras más hemos caído, menos tenemos que perder y más que ganar al subir. ¿Por qué no renuncias a este trabajo y te rehabilitas de la droga? Hay instituciones...

—Antes me matan.

—Pues escápate... Vete a otro país. A otra ciudad. No te perseguirán.

—Imposible —detuvo su vista en un punto como quien recapacita en las opciones, para luego repetir—: ¡*Imposible*! —Bebió su copa hasta el final y se sirvió otra; luego se dirigió a su excompañero con tono amable—, pero gracias por el intento, insecto... ahora dime tú. ¿Qué te trajo por aquí?

—Mario —su voz sonaba temblorosa— ¿puedes tratar de recuperar mi credencial y los pagarés que firmé? Por favor. No merezco estar en un problema así... Tampoco quiero arriesgar a mi familia.

—Yo no puedo sacarte de esa bronca. Eres un imbécil. ¿Por qué fuiste a *La dicha*? ¿A quién buscas?

Se giró un poco para que su padre no pudiera leerle los labios.

—A Sheccid.

—¿A quién?

—A la chica de nuestra secundaria —siguió susurrando—. Yo le decía Sheccid y todos en la escuela acabaron llamándola así.

—No sé de quién me hablas.

—¡Claro que sabes! Es la hija del diplomático, tiene ojos azules. La más bonita de nuestra secundaria. Su nombre real es Lorenna.

—No conozco a ninguna Lorenna.

—Bueno. Me enteré que cuando está con ustedes se cambia el nombre a "Justina" o "Justiniana"... Deja de mirarme así. ¿Tampoco conoces a ninguna Justina? ¡Yo la vi contigo!

—Sí conozco a Justine, pero no se cambia el nombre. Ella se llama así. Lo pronuncia con ye. Yustin.

—¿Y se apellida Deghemteri?

—¡Exacto! Es de origen extranjero.

—A... A ver. Mario. Háblame de ella.

—Es muy bonita. Y creativa. Le gusta cantar. Se presenta todos los fines de semana en el *Café artístico* que está junto a la Alameda. Incluso ahí usa su nombre de pila. El único que tiene. Le llaman *Dulce Yustin*. Hace años llegó a nuestro establecimiento por la onda de los rezos orientales. Ni siquiera sabía que hacíamos porno.

—¿Ustedes tenían un local comercial?

—Sí. En Heliplaza. Ahí nos reuníamos y ofrecíamos cursos dizque de meditación y zen. ¡Qué idiotas! La verdad todo lo inventó el Patrón. Según nosotros, recitábamos mantras y después buscábamos el gozo de los sentidos. Al Cacarizo le gustaba, pero después de una pinche fiestecita precisamente en casa de Justine, el furor religioso se nos enfrió y nuestro *"Club de la dicha"* se acabó.

—¡Exacto! Ahora sí llegamos al mismo punto. ¡Yo me colé en esa fiesta de la que hablas, sin invitación! Tú me abriste la puerta. ¿Te acuerdas?

—Creo que sí —movió la cabeza torciendo la boca—. Ya me acuerdo… El Cacarizo también te vio. Ahora lo entiendo. A lo mejor pensó que tú nos echaste a la policía…

—¿Por qué?

—Entraste y saliste de la fiesta y a los pocos minutos llegaron como diez patrullas. Nos detuvieron a todos porque encontraron polvo y mota. Estuvimos en el tambo varios días. Como el Cacarizo ya tenía antecedentes (también por culpa tuya), le costó más trabajo salir. Y mucho dinero. ¡Por eso está tan encabronado contigo!

—Hay un malentendido. Ni siquiera lo vi a él, ni sabía lo que estaba pasando. Es más. Sigo sin entender nada.

—Pues lo siento, insecto. Estás tan jodido como yo.

12
Trilema

Iban a dar las doce de la noche.

En cuanto subimos al auto, papá aceleró para salir rápidamente del lugar y cuestionó.

—¿Qué te dijo tu amigo?

—No es mi amigo. Hace mucho lo fue.

—¿Qué te dijo, caramba? ¿Va a devolverte los papeles?

—Hará todo lo posible.

—¿Cuándo? ¿Le pusiste una fecha?

—Papá. Mario es un pobre diablo, vive atrapado en una mafia de la que no puede escapar. Se está muriendo, ¡y lo reconoce!, pero vive resignado a su suerte, porque tiene miedo de huir. Es adicto a la droga y participa en filmaciones pornográficas de altísima degradación. ¿Cómo querías que le pusiera un ultimátum? Bastante hizo con arriesgarse a hablar conmigo.

Pude percibir en el perfil de mi padre que apretaba los dientes al manejar, luego tomó una profunda bocanada de aire y trató de ser claro:

—En todo tiempo y ciudad hay sitios negros donde la gente corrupta practica actos depravados. Eso siempre ha existido y siempre existirá… ¡Debemos mantenernos alejados de esos lugares! Punto. Caray —le dio un golpe al volante con la palma y perdió la ecuanimidad—. ¿Cómo te metiste en este maldito lío? ¡Hasta me siento culpable como padre por no haberte podido infundir algo tan obvio!

Agaché la cabeza. Era inútil pedir disculpas. Sólo dije:

—Tienes razón.

—Jamás debiste buscar a esa joven. Además ¿qué clase de tipa es? ¿Por qué fuiste a preguntar por ella allí?

—Le perdí la pista. Estoy atando cabos.

—¿En un burdel? ¿Ella se hizo prostituta?

—Claro que no.

—¿Entonces?

—Hace años era amiga de Mario.

—¿Y Mario la invitaba a cortar flores en el campo? ¡Por favor, Carlos, razona! —Volvió a comprimir la mandíbula y respiró con agitación—. ¡Voy a levantar una denuncia —su voz sonó como un crujido—, por extorsión y robo de documentos!

—No lo hagas. Será como declararles la guerra.

—¡Pues para mí, ya la declararon! Nadie se mete con mi hijo ni amenaza a mi familia mientras yo me cruzo de brazos.

—Papá. Ellos tienen todas las de ganar. Ni siquiera necesitan documentos para extorsionarnos…

—¿Y qué sugieres?

—No sé…

El resto del trayecto nos mantuvimos enmudecidos.

Había caído sobre nosotros una sombra sofocante. Aletargante.

Al llegar a la casa papá apagó el motor del auto y se dirigió a mí en un tono mucho más didáctico.

—Dijiste el otro día que tu más grande anhelo en la vida es ser fuerte. Tomar decisiones diarias para crecer… No estás haciendo lo que prometiste… Piénsalo… La tarde en que fuiste a buscar a Mario pudiste hacer tres cosas. ¡Tres! —usó los dedos como quien le enseña a un preescolar—. La primera, quedarte a tomar la conferencia del empresario que llegó a tu universidad; eso te hubiera fortalecido. La segunda, ir a las fondas o billares a perder el tiempo; eso te hubiese debilitado un poco (porque las personas somos como aparatos electrónicos de baterías que sólo por el simple hecho de estar encendidos nos vamos quedando sin energía). Y la tercera, ir a meterte a ese tugurio de mala muerte; eso te debilitó por completo (¡y debilitó a tu familia!). ¿Lo ves?

¿Puedes entenderlo? La vida es siempre un "trilema". Deberás decidir cada día entre tres alternativas —volvió a usar los dedos y los fue doblando uno por uno al enumerar—. Lo que te fortalece. Lo que te debilita. Lo que te deja como estabas, y por ende, también te agota despacio, como la batería que se acaba. Si quieres ser fuerte, no sigas equivocándote.

Escuché a mi padre asombrado de su dilucidación. Él no suele ser muy paciente ni explicativo. Practica sus teorías sin decírselas a nadie. Sin embargo (eso sí), es un hombre de inteligencia sobresaliente.

Esta noche (o mejor dicho, esta madrugada), he optado por escribir en vez de dormir.

Me he pasado horas frente al jardín, redactando párrafos de manera intermitente... haciendo grandes pausas mientras relato lo que sucedió y quedándome con la vista perdida en recuerdos y desazones.

¡Yo quiero ser fuerte!

He analizado el trilema (aunque la palabrita no exista) de mi padre. En todo momento las personas tenemos tres opciones.

Por ejemplo:

▶ Es viernes en la noche; el marido regresa del trabajo pensando en su ESPOSA. Puede:

1. Llevarla a cenar al restaurante más romántico.
2. Quedarse en la casa a ver la televisión.
3. Olvidarse de ella e ir con sus amigos a un cabaret.

—La primera alternativa (como un bombeo de cariño), fortalecerá su unión conyugal. La segunda (por agotamiento), la debilitará un poco. La tercera (de golpe), la debilitará por completo.

▶ Es sábado en la mañana. El JOVEN sale de casa buscando qué hacer. Puede:

1. Ir al parque a correr y ejercitarse.
2. Sentarse en la banqueta a ver pasar los autos.

3. Buscar a sus amigos que toman alcohol y se drogan.

—La primera opción lo fortalecerá. La segunda, le robará tiempo y energía lentamente. La tercera, acabará con él.

▶Es tiempo de ACTIVIDADES ESCOLARES. Un estudiante puede:

1. Participar en el concurso de oratoria.
2. Evitar todo compromiso extra.
3. Meterse a la pandilla de porros.

—La primera opción lo fortalecerá, la segunda lo dejará igual (apagándolo como batería que se extingue). La tercera lo hundirá.

▶Es momento de hacer algo con el DINERO ganado. Una persona puede:

1. Invertirlo en un buen negocio.
2. Guardarlo debajo del colchón.
3. Gastarlo en juguetes caros.

La primera alternativa lo hará ganar más, la segunda lo pondrá a expensas de inflaciones, devaluaciones y ladrones, y lo hará perder. La tercera lo dejará en la ruina.

▶Es tiempo de escuchar una buena conferencia. El oyente puede:

1. Poner atención al máximo, tomando notas.
2. Salirse.
3. Permanecer distraído, aburrido y, de mal humor.

No hace falta explicar más.

Ahora me siento débil, porque decidí mal... pero también dicen que lo que no nos mata nos fortalece y aún estoy vivo... así que ahora más que nunca debo buscar la manera de salir de este hoyo.

13
La madre de Ariadne

Fue a casa de la pecosa.

Antes, dio un furtivo rondín por las calles aledañas empecinado con la idea insensata de que su princesa apareciera de repente. Cuando algunos buenos tiempos han quedado atrás, es difícil dejar de evocarlos. Pero le bastó comprobar (otra vez) que la residencia de los Deghemteri estaba abandonada, casi en ruinas, para volver al presente y entender que las cosas habían cambiado para siempre.

Llegó frente a la puerta de Ariadne y tocó el timbre. Una señora pecosa, de estatura pequeña y formas redondas, lo recibió sonriente.

—¿Sí?

—Buenas tardes. Busco a Ariadne.

—Tú debes ser… Dios mío —se interrumpió como si estuviese mirando la aparición de un santo—. ¿José Carlos?

—Sí.

—Claro. Te conozco. En fotografías. Por supuesto. Pasa, pasa, por favor. Ésta es tu casa.

—No sabía que fuera tan famoso.

—Aquí, sí. Ariadne habla mucho de ti. Desde hace años…

—¿De veras?

—Siéntate. ¿Te ofrezco algo de tomar? ¿Agua? ¿Café? Mi hija no tarda en llegar.

—Bueno, gracias. Podría tomar un poco de agua.

—Ahora mismo te la traigo.

La estancia pequeña estaba decorada con ornamentación excesiva, al estilo provenzal antiguo. No quedaba ni un punto libre de aliños y aderezos. Tapices recargados, alfombra grabada con figuras de flores, candelabros con muchas cadenitas de piedras artificiales y cuadros, muchos cuadros, algunos artísticos, también barrocos y otros de fotos familiares; Ariadne con sus padres, y sus padres con Ariadne... Era hija única.

La mujer llegó de vuelta trayendo dos vasos con agua de fresa.

—Está un poco dulce. Así nos gusta.

—Gracias.

Le dio un sorbo y sonrió para ocultar su gesto de repulsa. El agua era mermelada.

—Cuéntame José Carlos. Sabemos que eres ciclista y has ganado medallas. He visto recortes de periódico. También nos enteramos del premio que te dieron por tu novela. Cuéntame. ¿Cómo le hiciste?

—Las cosas se han dado solas.

—No te creo. Nada se da por casualidad. A ver. Platícame.

La madre de Ariadne parecía saber mucho más de él que cuanto él sabía de ella, o de quienes vivían en esa casa. Sin poder ocultar su incomodidad, respondió:

—Una amiga de mi mamá era asistente de Juan Rulfo. Le platiqué de mis aspiraciones y ella ofreció presentarme a su jefe. Entonces, fui a la oficina del Instituto Nacional Indigenista. Rulfo leyó mi trabajo y lo recomendó en un certamen. El aval llamó la atención, y los jurados estudiaron mis párrafos con más interés. Fue simple.

—¡Simple, nunca! Apuesto que te costó un ojo de la cara —rio—. En sentido figurado. Tus dos ojos son bonitos —la mujer se dio cuenta que estaba coqueteando en representación de su hija y corrigió la postura—. ¿Ya te van a publicar el libro?

—Se supone. Ese es el premio que ofrecieron para el ganador del concurso, pero ha sido una pesadilla reclamarlo. En las oficinas de gobierno me han hecho seguir trámites burocráticos interminables.

—No te desesperes. Pronto te llamarán para darte la sorpresa. Ya lo verás —miró su reloj de pulsera—. Ariadne está tardando. ¿No quieres comer algo mientras llega? Preparé una salsa deliciosa. Te puedo hacer unas enchiladas caseras que te van a fascinar.

—Muchas gracias, señora, pero no tengo hambre.

—Anímate. Mira, ven. Prueba mi salsa.

Entendió el porqué de sus formas redondas.

El teléfono de la casa sonó a lo lejos y ella se distrajo.

—Ahora vengo. La extensión de la cocina está descompuesta.

José Carlos suspiró, aliviado.

La mujer saludó a alguien con efusividad que al parecer llamaba desde el extranjero.

Aprovechó la llamada telefónica y la ausencia de su anfitriona para ponerse de pie e indagar un poco. Miró las fotos familiares. Eran insulsas. Muchas similares. De pronto descubrió que había dos; no, tres, ¡cuatro fotografías en las que estaba él!, posando con la pecosa sobre diferentes escenarios de su vieja escuela secundaria.

La premonición alarmante de algo irregular en el contexto lo hizo moverse con mayor sagacidad. Caminó por el pasillo y se paró en la entrada a la primera recámara. Era la de Ariadne.

—¿Qué es esto? —susurró quedándose inmóvil.

Su amiga había decorado el cuarto con posters de artistas jóvenes de moda. Shaun Cassidy, John Travolta, Erik Estrada y Lee Majors, pero entre la colección también había un par de imágenes amplificadas de él, en bicicleta.

Caminó despacio hacia el interior de la habitación. Sobre el escritorio se hallaba una carpeta engargolada. ¡El manuscrito de su libro! Él se lo había prestado a Ariadne varios meses atrás para que lo leyera. Después ella se lo devolvió.

¿Había fotocopiado las quinientas cuartillas para quedarse con un ejemplar, sin decírselo? Revisó las hojas. Algunos párrafos estaban subrayados, otros, tachados y, muchos más, acotados a los márgenes con glosas arbitrarias como "esto no sucedió así", "¡cuánta cursilería!", "mi amigo es un idiota" "ella no lo merece".

La madre de Ariadne seguía hablando por teléfono a lo lejos.

Abrió el cajón central del escritorio y revisó. Sólo había bártulos de trabajo. Revisó los cajones pequeños. Cuando llegó al último, sintió que estaba viendo un espejismo. Murmuró:

—¿Más fotografías? ¿Copia de mi cartilla militar, mi acta de nacimiento, mis horarios escolares en los últimos años? ¿Recortes de periódicos sobre mis competencias de ciclismo?

—¿Qué haces aquí?

La voz repentina a sus espaldas lo hizo saltar.

14
Sybil

—Vaya, vaya. ¡José Carlos en mi habitación! ¡Hurgando mis cajones! ¿No es una sorpresa?

Ella le arrancó las fotos y documentos que tenía en las manos para volver a arrojarlos al interior de la gaveta.

La madre de Ariadne terminó su llamada telefónica y apareció sonriente.

—Vengan a cenar.

—Gracias señora —repitió la negativa—. En otra ocasión.

—Bueno, bueno. Tal vez al rato. Los dejo. Pórtense bien.

La pecosa fue a cerrar la puerta y reclamó:

—Te metiste a mi cuarto sin permiso. ¡Ahora dime qué rayos buscabas!

—Primero dime por qué tienes todo eso en el cajón.

—¿A ti qué te importa? Tengo muchas cosas en mis cajones. Yo no me ando metiendo a tu casa para espiar...

—Pues vi papeles que sólo pudiste obtener robándolos.

—Lo que tengo ahí es mío.

—¿Tuyo? Ariadne, me estás asustando.

Ella gruñó como osa grizzli en tiempo de celo, dio varias vueltas sobre su eje y terminó tirándose en la cama cuan larga era.

¿Su estrambótica amiga había estado espiándolo por años y siguiendo sus pasos de cerca sin que él se diera cuenta?

Él volvió a abrir el cajón y sacó los documentos. Los puso sobre la repisa. Ella se incorporó despacio.

—No soy ladrona. Créeme. Conseguí las cosas de expedientes escolares y gente cercana a ti. Quería darte una sorpresa.

—¿Qué sorpresa?

—Inscribirte en un concurso internacional de cuento. Eso es todo.

—¿Con autorización de quién? ¿Te crees mi manager? ¿O mi jefa? ¿Estás mal de la cabeza?

—Cálmate. No me trates así. Si alguien te ha querido en la vida… —interrumpió la frase; él la miró con los ojos entrecerrados—. Me siento tan lastimada como tú —la chica parecía a punto de soltarse a llorar—. Ambos nos enamoramos de la persona equivocada.

Dijo las últimas palabras con una entonación franca, cristalina, como descubriendo su alma, sin importarle quedar indefensa. Volvió a sentarse sobre la cama. Él permaneció estático. Luego preguntó con preocupación:

—¿Alguna vez te di un mensaje equivocado respecto a nosotros?

—No, no. La del problema soy yo. También he cometido el error de idealizar… pero no escribo historias ni sé desahogar mis frustraciones pedaleando una bicicleta…

Sabía devolver los golpes.

—Yo nunca he querido hacerte daño.

Ella sonrió melancólica.

—La última vez, en el auto, me maltrataste.

—Tienes razón. Te apreté las clavículas. Lo siento.

—Si quieres, llévate las fotos y los papeles.

Pensó. ¿Le pediría los retratos enmarcados y el poster en blanco y negro que mandó ampliar?

—No, Ariadne. Puedes conservar todo. Sólo no vayas a hacerme un hechizo de vudú.

—Qué gracioso. Ahora me dices bruja —no parecía con ánimos de bromear—. ¿Para qué viniste?

Afuera su madre había puesto música romántica.

—Para platicar contigo sobre Mario Ambrosio.

—Dime.

—Lo visité en la tienda donde trabaja. *La dicha*. Me metí hasta la cocina y salí salpicado de aceite hirviendo. Luego te cuento detalles. Mario me aseguró que el verdadero nombre de Deghemteri es Justine (se pronuncia con ye) y que es su *único* nombre.

—Quizá él no la recuerda en su faceta de estudiante, cuando se llamaba Lorenna.

—¿Estás diciendo que cambiaba de personalidad, al grado de mantener dos identidades distintas?

—Sí. ¿Viste la película Sybil?

—Leí el libro.

—Entonces entiendes.

—¡Ese libro habla de una condición mental extraña y extrema! ¿No será que simplemente Lorenna tiene episodios depresivos y de euforia, y por eso se cambia el nombre?

—¿Bipolaridad? También se murmura eso. Pero he escuchado más la otra versión. Ella se cree Justine, a veces y se olvida que es Lorenna.

Percibió un corto circuito de sus nervios electrizándole la piel. La novela de Flora Rheta Schreiber, exponía de manera abierta el trastorno disociativo de personalidades múltiples. Él siempre pensó que ese desorden psiquiátrico era materia de ciencia ficción, pero ahora se le presentaba como un fantasma nigérrimo, viable y ostensible.

—¡Caramba! Estoy harto de los rumores.

—Igual que tú, no he visto a Lorenna desde hace cinco años.

—Pero me dijiste que te habló por teléfono, ¿cómo se escuchaba?

—Jactanciosa. Creída. Explicó que a su padre le había ido bien en los negocios y que estaba organizando un congreso, o algo así. No le hice mucho caso. Pero si me permites opinar, creo que ella es mentalmente inestable, indigna de confianza.

La madre de Ariadne tocó a la puerta y abrió lentamente.

—¿Chicos? —Sonreía como una niña que hace travesuras—. Ya preparé algo de cenar. Son taquitos de queso. Están deliciosos.

Con la rolliza mujer, entró a la habitación un fuerte aroma a cebolla y cilantro recién picado.

—Disculpe, señora. Yo me tengo que ir.

—¡No puedes despreciarme! ¿Ariadne? —Fingió enfado—. ¡Trae a tu amigo de inmediato a la cocina!

La pecosa sonrió haciendo un ademán de impotencia.

—Esta noche te irás de aquí bien alimentado.

15
Pilar

Entró a su casa saludando de forma endeble. En la antecámara se apostaban, extasiados, frente al televisor de cinescopio curvo, sus dos hermanos menores.

—¡Mira! —el pequeño Cuauh lo conminó a fascinarse con ellos—. ¡Un satélite de Europa!; estuve toda la tarde en la azotea moviendo la manivela de la antena parabólica. Desde abajo Liliana me gritaba "sólo se ven rayas grises", hasta que ¡bum!, encontré la puerta cósmica. Bailamos de alegría. ¡Es un canal español! Escucha el acento. Y los anuncios. Promueven productos rarísimos. *Arza y olé.*

—¡Fantástico, hermanitos! Los felicito.

No quería ser descortés, pero estaba liado en reflexiones angustiosas. Necesitaba hablar con su hermana Pilar. Siguió caminando y tocó la puerta.

—Adelante.

—Creí que ya te habías dormido.

—No.

Ella era una intelectual verdadera.

—¿Qué lees? —Le quitó el ejemplar de las manos—. ¿*Pepa Niebla* de Torcuato Luca de Tena? Hermoso, pero no como su obra maestra *Escrito en las olas.*

—Yo prefiero *Edad prohibida.*

—¡Nunca! demasiado cursi, y predecible.

—Cuestión de gustos.

—Oye, flaca —así le decía—. Necesito que me des tu opinión sobre éste otro libro ¿lo recuerdas?

Le alargó el volumen gastado.

—Sybil…

—Lo leímos hace más de un año.

—Sybil —Repitió llevándose un dedo a la barbilla y entrecerrando los ojos—. Sí. Ya me acordé. La mujer con muchas identidades. Un libro complicado. Pretende ser una novela de psiquiatría y acaba siendo de terror.

—Quiero saber qué piensas del trastorno que plantea. Personalidades múltiples. ¿Crees que haya gente enferma de *eso*?

—No. Es ficción.

—Pues necesito contarte algo. Sobre Deghemteri.

Pilar se incorporó.

—Habla.

—Sabes que la ando buscando de nuevo.

—Sí. Bobo. ¡Por eso casi te matan!

—No me regañes y escúchame.

—Está bien.

—Me dijeron que parece un trastorno de la personalidad disociativo. Como en la novela de Sybil. Sufre de amnesias severas que la llevan a actuar de una manera distinta a "como ella es".

—Ah… ¿y se puede saber "cómo es"?

—Dulce, reservada, noble… Se llama Lorenna. Pero cuando tiene el acceso dice llamarse Justine y se comporta impúdicamente.

Pilar soltó una carcajada.

—¿Quién te dijo esa estupidez?

—Ariadne.

—Carlos, son mentiras.

—¿Por qué estás tan segura?

—Para empezar, porque no puedes confiar en Ariadne. Está locamente enamorada de ti y hará lo que sea para alejar a otras chicas de su camino…

—¿De veras crees eso?

—Desde hace unos meses, la pecosa anda recopilando documentos tuyos. Vino a verme para pedirme que le diera algunas fotos y papeles. Me mostró la convocatoria de un concurso al que quería inscribirte. Yo la ayudé con lo que me pidió. ¡No tuerzas la cara!, ya sé que hice mal, pero pensé: es ella, la pecosa. Quienes leímos tus escritos, la respetamos.

—Y quienes los leyeron saben que a quien yo amo es a Deghemteri.

—¿La loca de mil cabezas?

—No sé si los rumores tengan algo de verdad. Mañana voy a ir a verla. Ya sé dónde está. Mario Ambrosio me dio la dirección de un restaurante cerca de la Alameda central, donde ella canta los viernes.

—¡Llévame!

—¿Para qué?

—Se verá mejor si llegas acompañado. Podrás disimular y platicar conmigo.

—Puede que tengas razón.

—La tengo. Además, no olvides que el auto es mío. Lo usas porque tienes mi consentimiento. Pero eso puede cambiar.

—Lo uso porque a ti no te gusta manejar y porque te resulta más cómodo tenerme de chofer.

—Pues, ahora, querido chofer, me llevarás a ese sitio. Primero porque es una orden, y después porque no te conviene ir solo. Ya ves lo que dijo papá.

—¿Piensas defenderme si hay maleantes?

—Al menos puedo gritar más agudo y más fuerte que tú. Sonrió. ¡Cómo amaba a su hermana!

—No, Pilar. Para acompañarme tendrías que pedir permiso, y yo pienso ir al restaurante saliendo temprano de mi última clase en la universidad. Nadie lo sabrá.

—¡Conseguiré el permiso! Inventaré algo. Ahora vengo. Saltó ágil y salió corriendo hacia el cuarto de sus padres.

16
Regaño retrasado

—¡Espera! —Fue detrás de ella. No logró detenerla.

Pilar había comenzado a explicar que necesitaba salir con su hermano la noche siguiente. Se avocó a plantear razones que resultaron poco persuasivas. Los adultos detectaron las inconsistencias y acabaron confrontando a los dos jóvenes.

Él no tuvo más remedio que decir la verdad.

Casi de inmediato, su padre estalló en imprecaciones.

—¡Ya me tienes harto! ¿No te bastó lo que pasó en la zona roja? ¡Esa muchacha no vale la pena!

—Tranquilo, papá. Sé manejar las cosas.

—Ah, ¿sí? ¿Ya recuperaste tu identificación y los pagarés que firmaste? ¿Ya bloqueaste la posibilidad de que esos delincuentes puedan venir aquí?

—No.

—Entonces no digas que sabes manejar las cosas. Estás obsesionado con una jovencita, cuando hay millones de mujeres en el mundo. ¿Para qué buscas tener un noviazgo tan serio? —La peroración fue aumentando en intensidad y furia—. ¡Imagínate que encuentras a esa chica y ella te corresponde! (De tanto pensar las cosas, acaban cumpliéndose). ¿Y qué vas a hacer? Con tu pasión idiotizada seguirás cometiendo más y más errores. ¿Acaso piensas casarte *ahora*? Por Dios. ¡Deja de perder el tiempo! Dentro de seis meses será la Olimpiada para universitarios en Edmonton y ni siquiera has logrado los tiempos requeridos. ¡El que mucho abarca, poco aprieta! Concéntrate en lo importante. ¡Estás dando clases que no preparas! ¡Dizque estudias y, de seguro, vas mal en tus calificaciones! Los noviazgos a tu edad deben tomarse más a la ligera. O mejor aún, evitarse.

¿Cuántas veces te lo he dicho? ¡Hace años te enamoraste como tonto de una tonta! Porque los adolescentes son eso. Tontos. No saben lo que quieren. No tienen sensatez. Y ahora me sales con lo mismo. ¿Te quedaste estúpido o qué?

—Me estás ofendiendo —le costaba trabajo rebatirle a su padre—. ¿Y tú no quieres que yo te ofenda, verdad, papá?

—De acuerdo. No hablaré más. Pero entiéndeme bien. Te prohíbo que sigas buscando a esa joven. Ella está rodeada de conflictos. No quiero que te arriesgues más. ¡Es una orden!

Pilar había hundido la cabeza entre los hombros con un mohín de profunda culpa.

—¿Entendiste?

—Sí, señor.

Se dio la vuelta. Fue a su cuarto, dio un portazo y se metió a las cobijas.

En la sala, sus hermanos menores apagaron la televisión y se hizo silencio.

Trató de dormir.

No lo logró.

Después de una hora, la puerta de su habitación se abrió con un leve rechinido. Alguien había entrado. El visitante encendió la luz. Era su hermana Pilar. Estaba llorando.

—Discúlpame. Tú confiaste en mí y eché todo a perder.

—No te preocupes. Papá tenía ese regaño retrasado desde hace días… sólo estaba buscando una excusa para dármelo.

—Lo siento.

—No te preocupes, flaca.

La abrazó.

—Te escribí algo.

—Gracias.

—Perdóname —volvió a decir antes de retirarse.

Él se quedó un rato despierto y leyó varias veces la nota de Pilar antes de volver a apagar la luz.

Hermano:

Sé que debes estar cansado de que la gente te critique. Pero quise decirte que si recibes ataques (incluso de papá) es porque tu determinación asusta a los demás. Intimida.

En casa todos te observamos mucho. Sobre todo yo. Disfruto verte competir en ciclismo. Me siento muy orgullosa cuando ganas medallas. Tengo fotos tuyas que enseño a mis amigas. También presumo que eres escritor. Adoro tu novela. La he leído varias veces. Nunca te lo digo para que el ego no se te suba. Además me gusta hacerte rabiar. Pero te admiro, hermano.

Me fascina la forma en que piensas sobre el amor. Aunque hoy en día la mayoría de los muchachos sólo desean divertirse y tener aventuras sexuales, tú respetas a la mujer que amas.

Toda mujer sueña con un hombre que sea su confidente, su protector, su amigo con quien pueda desahogarse cuando lo necesite... Un hombre que la sepa escuchar, que no la juzgue duramente si se equivoca, que la guíe con seguridad, pero que al mismo tiempo la trate como a una princesa.

Tú serás así con tu pareja. Lo sé.

Espero que mañana, cuando encuentres a esa chica, a la que tanto has idolatrado, todo resulte como lo esperas.

¡Mereces lo mejor!

Pienso que si ella te amó aunque sea un poquito, (tal como lo dicen estos versos de tu poeta preferido, Luis Bernárdez), al verte de nuevo, se encenderá el fuego entre ambos:

> Aunque el cielo no tenga ni una estrella
> y en la tierra no quede casi nada,
> si un destello fugaz queda de aquella
> que fue maravillosa llamarada,
>
> me bastará el fervor con que destella,
> a pesar de su luz medio apagada,

para encontrar la suspirada huella
que conduce a la vida suspirada.

Guiado por la luz que inmortaliza,
desandaré mi noche y mi ceniza
por el camino que una vez perdí,

hasta volver a ser, en este mundo
devuelto al corazón en un segundo,
el fuego que soñé, la luz que fui.

Te adora, tu hermana Pilar.

17

No te tuve porque no te tuve

C.C.S. viernes 4 de marzo de 1983

Princesa:

Te escribo con la cabeza hecha un barullo.

Desobedecí a papá. Fue un acto calculado. Premeditado. Ya no podía dar marcha atrás a mi decisión de ir a buscarte…

Y logré el objetivo. Te vi. Charlé contigo. Te observé de frente y me quedé pasmado.

¡Ahora tengo una crisis existencial!

¿Cómo pude pasar tanto tiempo en la ceguera?

Lo increíble no es que me enterara de todos esos asuntos raros en torno a ti, ¡sino que haya estado ajeno a ellos por tantos años!

¡Tuvieron que suceder eventos exactos, en tiempos muy específicos para que mi ignorancia prosperara!

Ante la evidencia de esas increíbles coincidencias llegué a una conclusión tajante: Dios lo permitió. Es más: Él lo ocasionó. Entonces le reclamé. Le exigí explicaciones.

—¿Por qué me hiciste eso, Señor? Es cierto que, gracias a tanto sufrimiento cultivé la introspección, me refugié en la lectura y en la escritura. Es cierto que para atenuar el dolor me desquité pedaleando mi bicicleta y me convertí en un competidor feroz… y es cierto que todo eso ha dado frutos y me ha llevado a ser una mejor persona; pero déjame entender. ¿No pudiste usar un método de enseñanza menos cruel? ¿Fue necesario que hicieras coincidir las cosas justo de esa manera para dejarme solo, sin esperanza, decepcionado del amor, y así obligarme a desarrollar habilidades (de supervivencia) que me hicieran crecer?

Mi oración de reclamo se alargó sobre la misma línea durante toda la noche, pero aunque cuestionaba al Creador, evité guardar silencio y escuchar sus respuestas a través de esa vocecita interior que suele susurrarnos de regreso.

Ya ha amanecido. Dormí poco y mal; me levanté temprano para escribirte.

Vuelvo a comenzar: Princesa. Hoy desobedecí a mi padre.

Perdí clases universitarias (otra vez) y conduje hacia el Café artístico, decidido a encontrarme contigo. Iba nervioso, como el paracaidista primerizo que al fin va a saltar al vacío. Mi rebeldía con papá me causaba una poderosa angustia. Sólo el recuerdo de una carta que me escribió mi hermana me brindaba paz.

Conduje por las pequeñas calles cercanas a la Alameda central.

El domicilio del Café artístico en el que presuntamente cantabas los fines de semana, estaba cerca de ahí.

Decidí estacionar el auto y caminar.

Observé la imponente figura del Palacio de Bellas Artes y me detuve a contemplarlo.

—¿No quieres un boleto para la ópera? —un revendedor instigaba—. Te lo doy al costo.

—¿Hay ópera hoy?

—Sí. La Bohemia.

Recordé que a ti te gustaba. Me lo dijiste hace años. ¿Te acuerdas?

«—Mi obra favorita es la Bohemia.

Entonces te dije una de las frases más contundentes de nuestra historia.

—Yo tengo que casarme con una mujer a la que le guste La Bohemia.»

Me di cuenta que estaba postergando nuestro encuentro.

—Lo siento. Tengo otro compromiso —le pregunté al vendedor dónde estaba el Café artístico y al fin obtuve las referencias exactas.

Caminé decidido. Encontré el sitio. Entré.

Dos horas después salí de ahí. Sin poder creer lo que acababa de aprender.

Todo ser humano debe elegir amigos, carrera, pareja, y debe estar dispuesto a renunciar a los caminos que no eligió… Son renuncias voluntarias. Grandes, loables. Pero ¿qué sucede cuando el individuo no puede elegir? ¿Qué pasa cuando las cosas se le dan y punto, sin que él las tome o las rechace? Tal como me ocurrió a mí. (¿O a nosotros?)

Princesa; yo no te tuve, porque no te tuve. Punto. Jamás renuncié a ti… esa dimisión fue impuesta. Las circunstancias. Las abrumadoras e inexplicables coincidencias me hicieron no tenerte, y a cambio transitar otros caminos. Pero si las mismas fatigosas casualidades nos hubieran permitido aclarar todo, nos hubiésemos convertido en pareja hace años. ¡A mí nadie me dio a escoger! No se me presentaron las opciones para que yo eligiera una y descartara otra. Simplemente, no te tuve conmigo, ni tú pudiste tenerme. Y en nuestras heridas e incompatibilidades aprendimos a vivir…

Lo que vi en el Café artístico ha cambiado mi esquema personal. Me ha dado una alegría profunda, pero también un gran coraje. Es la combinación más tremenda de emociones negativas y positivas que he tenido.

Si tan sólo hubiera sabido…

18
Café artístico

Avanzó con pasos vacilantes al interior del restaurante. Era en realidad el jardín de un viejo caserón que conservaba las formas arquitectónicas de la Nueva España. Al centro, una fuente circular expelía chorritos de agua turbia que resbalaban viscosos por los surcos de la piedra enmohecida. Varias mesas cuadradas estaban distribuidas bajo el área techada con velos colgantes. La iluminación del sitio se había facultado a simples veladoras de cera al centro de cada tablón. Los clientes eran, en su mayoría, parejas adultas.

—¿Mesa para dos? —le preguntó la recepcionista.

—No; vengo solo.

—Pasa.

Hundió la cabeza en las hombreras del saco y se adentró al lugar con pasos pequeños, casi sigilosos. Tomó asiento en el sitio que le asignaron. Al extremo opuesto del jardín había un estrado de madera sobre el que tres músicos andinos tocaban el bombo, el charango y las zampoñas.

—Desde aquí no vas a ver nada —se regañó—; pide que te cambien de mesa.

Pero la señorita había desaparecido.

El grupo ecuatoriano terminaba su participación, entonando con gran histrionismo el carnaval humahuaqueño. Aprovechó la algarabía para caminar hacia el frente. Halló una silla vacía junto al estrado. La tomó sin preguntar.

Entró a escena un guitarrista que interpretó cadencias románticas, y de pronto apareció, como superhéroe que desgarra las cortinas, un declamador vestido con ropón novohispano.

Recitó el Poema Veinte de Neruda.

Él se reconcilió con la idea de que su chica trabajara en un lugar así. El contexto de la taberna le pareció loable. Él mismo no tendría empacho en subirse al estrado y terminar de decir (y lo haría con más pasión):

—En noches como ésta la tuve entre mis brazos. La besé tantas veces bajo el cielo infinito. Ella me quiso, a veces yo también la quería. ¡Cómo no haber amado sus grandes ojos fijos! ¡Puedo escribir los versos más tristes esta noche! Pensar que no la tengo. Sentir que la he perdido…

Movió los labios al mismo tiempo.

Después de su primera interpretación, el declamador inició *Como Dios manda*, de Benítez Carrasco.

—¡Basta! —dijo el muchacho después de un rato, y el declamador titubeó.

Caminó dándole la vuelta al estrado. Detrás de la tarima había una cortina negra que separaba el jardín público de una zona privada. El percusionista del bombo, ya desposeído de su disfraz andino, salió por una abertura. ¡Esa era la puerta que buscaba!

Inspiró y espiró antes de animarse a irrumpir en el sitio como si fuera parte del elenco artístico.

Dentro de aquella zona había varios privados con espejos y mesas para maquillaje.

Entonces la vio.

Deghemteri se hallaba en el último cubículo, acomodándose el peinado.

Cerró los ojos unos segundos y trató de calmarse. Cinco años lejos de ella, escribiéndole, añorándola, imaginándola… llegaban al final en ese instante.

Se acercó despacio.

La chica usaba una blusita *strapless* y minifalda roja. Tenía el ceño fruncido y luchaba contra un mechón rebelde que se negaba a embonar en la guedeja.

—Hola… ¿te acuerdas de mí?

Ella lo miró de reojo por el espejo.

—No.

—Soy José Carlos.

—¡Maldición! Odio este mugroso cabello.

—¿Deghemteri?

—Sí —se dio por vencida con el pelo y giró su silla—. ¿Y tú eres… ¿Juan Carlos?

—José Carlos.

—Ah. ¿De dónde vienes? ¿Qué quieres?

La vio de frente. Sintió un escalofrío. Todo el rostro de su chica se había hecho más tosco y cuadrado. Ya no tenía cejas. A cambio se había pintado una tosca raya con delineador café. Sus labios eran más gruesos que antes. Sus ojos azules habían perdido el brillo. No tenían pestañas y se veían grises. A sus diecinueve años parecía tener treinta. Sin duda, las drogas habían contribuido a su desgaste físico. Seguía siendo hermosa, pero ya no había candor y dulzura en ella…

—¿Te olvidaste de mí? —Hizo otro intento—, eras mi Sheccid…

—¿Qué?

—Mi princesa. Sheccid… ¿Recuerdas? En la secundaria yo te decía así.

—¡Ah! —Hizo un largo ademán abriendo los dos brazos—. Ahora caigo. Tú buscas a Lorenna.

—¿Y tú eres?

—Justine.

Sus músculos se paralizaron y creyó que la tierra estaba temblando.

Recordó.

—¿Estás diciendo que cambiaba de personalidad radicalmente, al grado de mantener dos vidas distintas y separadas?

—¿Viste la película Sybil?

—Sufre un trastorno disociativo de personalidades múltiples.

Después de unos segundos logró balbucir.

—¿Y tú sabes dónde y cuándo puedo encontrar a Lorenna?

—Ella no viene aquí. Jamás. No le gusta. Es una creída. Pero hace rato, la hubieras podido encontrar en Bellas Artes. Fue a la ópera…

—¿De… de veras?

—Disculpa. Hazte a un lado. Ya me toca cantar.

La chica se puso de pie y caminó. Su atuendo voluptuoso que incitaba a que la gente le mirara las piernas, el ombligo descubierto y el escote, no parecía concordar con la ambientación lírica del café.

La observó pasar. Olió su extraño aroma mezcla de humo y perfume corriente.

Las rodillas le flaquearon. Se dejó caer en la silla que ella acababa de abandonar. La chica estaba parada detrás del telón, lista para salir a escena. Pero el declamador acababa de iniciar su última interpretación. La Nacencia, de Luis Chamizo.

Una idea efervescente lo hizo saltar.

—Espera… Justine —avanzó hacia ella—. Hay algo que no entiendo…

—Tengo prisa. ¿No ves que soy una artista y que estoy a punto de presentarme? Además, mi novio no tarda en llegar y es muy agresivo con los hombres que me molestan.

—Yo no te quiero molestar. Se lo explicaré a tu novio, si es necesario. Además, el orador tardará por lo menos ocho minutos en recitar ese poema.

—¿Qué rayos quieres?

—Sólo dime una cosa… ¿Cuánto mides?

19
Dulce

La cantante lo miró desconcertada.

—¿También quieres saber cuánto peso?

—No. Sólo tu estatura.

—¿Por qué?

—¡Lorenna siempre fue un poco más alta que yo!, y tú eres bastante más baja... ¿Cómo puede suceder eso?

—¿Qué mosca te picó, *gusano pendejete*? yo sé de ti, porque Lorenna platicaba. ¡Te hiciste declamador para impresionarla!, ¡le escribiste un diario lleno de cartas!, ¡te peleaste a golpes con sus pretendientes y arriesgaste la vida defendiéndola! Ya te dije que ella es otra persona...

—Otra.

—Sí. Otra. Nos parecemos mucho porque mi madre era hermana de su mamá y mi papá, hermano de su papá. Somos de familias paralelas.

—No entiendo nada. A mí me dijeron que tú estabas enferma de una condición psiquiátrica muy grave. Que a veces usabas la identidad de Lorenna y a veces la de Justine.

La joven abrió la boca y comenzó a reírse con hilaridad socarrona. Alguien del restaurante le pidió que se callara. Estaba distrayendo al declamador.

—¿Cómo, güey? ¿Tú crees que la misma loca interpreta dos papeles distintos en la vida?

—Sí.

—A ver, amiguito. Ven acá. ¿Conoces bien a Lorenna, verdad? ¡Mírame! Ella no tiene las orejas despegadas del cráneo como yo, ella tiene pechos pequeños —tomó la mano de José Carlos y la puso sobre uno de sus senos—, yo los tengo grandes. ¿Los sientes? Por cierto, ella jamás haría esto, es muy taradita. Además tiene pestañas largas, boca pequeña, es cinco años más joven, pesa veinte kilos menos y mide quince centímetros más de estatura.

Él se apartó; sin poder celebrar (ni su cuerpo reaccionó) por haber tocado un seno de esa mujer.

Seguía embrolladísimo.

—Pero ustedes se parecen mucho.

—Eso sí —caricaturizó—. Somos primitas.

—Espera. Hace cinco años yo fui a la casa de ella —trataba de atar todos los cabos—, la vi diciendo rezos, fumando y bailando con los miembros del *Club de la dicha*.

—Eres un *gusano pendejete* —por lo visto era su insulto favorito—, de eso no me queda duda. Seguro la confundiste.

—¿Entonces eras tú?

—No lo sé. Pero mi prima nunca estuvo en nuestro club. ¡De hecho fue ella la que nos echó a la policía! Por eso, se metió en tantos problemas después. Le ha ido como en feria… Y si me preguntas qué pienso, te diré que se lo merece.

Dio dos pasos hacia atrás.

Su piel vibraba como si estuviese siendo sometida a una descarga eléctrica continua de bajo voltaje. Permaneció quieto.

El declamador del show se despidió y presentó a la siguiente participante.

—Reciban con un fuerte aplauso a la *dulce* Justine…

La (¿*dulce*?) Justine salió a escena (sus admiradores de seguro estaban ajenos a las dulzuras que la artista manifestaba tras bambalinas).

Después de breves aplausos se oyeron los compases de una pista grabada; ella entonó con voz potente y aguda *Soy la cantante* de una artista llamada Dulce que acababa de saltar a la fama en el programa *Siempre en domingo* de Raúl Velazco.

Entendió el epíteto endulzado, porque terminando esa canción Justine inició otra de la misma intérprete. *Déjame volver contigo*.

Se quedó observándola de perfil. La música dolorosa lo ayudó a recuperar lentamente la conciencia.

En cuanto Justine terminó su segunda interpretación, él entró al escenario. Estaba alegre y asustado. Enfadado y gozoso.

—Disculpa que te interrumpa. Por favor. Dime dónde puedo encontrar a tu prima. Necesito hablar con ella.

La dulce cantante miró para todos lados. Por lo visto su novio, el agresivo, no estaba cerca para ayudarla.

—Lárgate de aquí *gusano pendejete*. Estoy trabajando.

—De verdad, me urge saber. Dime dónde está Lorenna.

Ella consideró las opciones: llamar a seguridad para que se llevaran al intruso, (creando un evento que le robaría protagonismo a su presentación) o darle los datos que requería para que se fuera por su propio pie. Optó por lo segundo.

—¡Carajo! ¡Deja de joder! Después de la ópera, Lorenna fue a cenar al Claustro de Sor Juana con unos amigos. ¿Satisfecho?

—¿Dónde está el Claustro..?

—Vete de aquí.

Saltó de la tarima, radiante, eufórico.

Buscaría el lugar.

Cuando salía por la puerta del *Café artístico* estuvo a punto de chocar con un hombre que entraba presuroso. Era el sujeto de traje gris, súper brillante que el Cacarizo le presentó como el Patrón de la zona roja, ("lo que nos debes a nosotros se lo debes a él").

El Patrón se dirigió al frente del escenario y tomó asiento en su silla reservada en primera fila.

El muchacho agachó la cara para no ser reconocido y salió a toda prisa.

20
Claustro de Sor Juana

Salió a la calle y anduvo como flotando, con la plácida aquiescencia de un escalador que ha vislumbrado a unos metros la cima anhelada y sabe que nada ni nadie podrán impedirle la conquista. No tenía la menor idea de dónde se encontraba el Claustro de Sor Juana y tampoco contaba con el tiempo necesario para conducir (como turista perdido), entre esas callecitas trazadas por conquistadores cuya única visión fue transitarlas a caballo. Así que llegó a la esquina y levantó la mano para detener un taxi.

—Lléveme por favor al Claustro de Sor Juana —ordenó—. ¿Está lejos? Tengo prisa.

El conductor, como respuesta, expelió un gruñido mostrenco, y aceleró. Aunque incursionaron en las principales vías congestionadas, lograron algunos atajos que redujeron la distancia. No era corta de recorrer. Se felicitó por haber tomado el taxi.

—Aquí estamos —dijo el chofer con tono menos adusto—. Fue rápido ¿no cree?

—Sí. Más o menos.

Pagó el importe del viaje y saltó a la acera. Estaba frente al exconvento de San Jerónimo, lugar en el que, en el siglo dieciséis las monjas Jerónimas, (Juana Inés de Asbaje, entre ellas), vivieron recluidas, y en donde tres siglos después el gobierno juarista estableció un grosero cuartel militar.

Le preguntó al vigilante si había alguna especie de hostería dentro. El hombre le dijo que no, pero que en el *Patio de los cipreses* se estaba llevando a cabo una cena privada.

—Son jóvenes empresarios o algo así.

—Ah —usó todas sus argucias retóricas para convencer al vigilante que lo llevara al lugar. Le hizo entender que su vida dependía de ello.

El cuidador accedió.

Franqueando por los andadores del museo, sintió que las paredes se movían. La presión acumulada en los últimos días amenazaba con hacerlo estallar en un síncope. Se detuvo para respirar.

—¿Te sientes bien, muchacho?

—Sí. Gracias. Deme un minuto.

Reanudaron la marcha. Llegaron al *Patio de los cipreses*. Había cuatro mesas redondas, adornadas para una especie de banquete íntimo. En efecto, cerca de quince jóvenes hacían sobremesa alrededor de las migajas restantes de lo que debió ser, minutos atrás, un suculento pastel. También había cuatro parejas adultas rebañando los asientos de sus tazas, extintas de café.

Se acercó enfocando la vista en los rostros, guardando la respiración con los labios apretados.

No le fue difícil hallarla. ¡Ahí estaba! Era ella. Charlaba afablemente con amigos desconocidos para él.

Su imagen, ahora de joven adulta, no había menguado en belleza. Era más imponente que antes, porque contenía rasgos de madurez que la hacían parecer menos accesible.

—Dios mío —dijo entre dientes—, aquí estás.

Su cabello más largo que antaño; negro, lacio, le llegaba a la media espalda; su rostro caucásico se veía rojizo, como si se hubiese sometido recientemente a un bronceado veraniego.

En un momento ella giró y la pudo ver de frente. A pesar de la media penumbra identificó el brillo de esos ojos… Los ojos de su princesa.

Se acercó a la mesa y quiso saludarla. La faringe se le cerró.

Algunos comensales lo miraron con desconfianza e interrumpieron la tertulia. Ella levantó la vista y se quedó petrificada. Tampoco pudo hablar.

Al fin pronunció

—Sheccid…

Algunos espectadores iniciaron un murmullo no exento de alarmismo.

—¿Qué haces aquí, José Carlos?

—Te he buscado por años.

—No lo creo.

—¿Podemos hablar?

La chica se puso de pie y caminó hasta él.

Se alejaron de las mesas.

—Cuánto tiempo… —tragó saliva.

—Mucho. ¿Cómo has estado? ¿Todavía escribes? ¿Todavía andas en bicicleta?

—Sí. De todo un poco. ¿Y tú? ¿Por qué desapareciste del mapa?

—Me fui a vivir a Estados Unidos.

—Pero ya regresaste de forma definitiva, ¿verdad?

—Estoy dudando entre quedarme o volver.

—No voy a dejar que te vayas otra vez —se atrevió—, me casaré contigo.

Ella soltó una carcajada.

—No has cambiado en nada.

—Hice una novela en la que tú eres protagonista.

Ella negó con la cabeza.

—Ya no me gusta leer.

—En la secundaria leíste mi diario…

—Sí, me acuerdo. —La joven echó un vistazo a las mesas de sus amigos; luego bajó aún más la voz y comentó—. Con esa libreta, hiciste que me enamorara de ti. Luego me rompiste el corazón.

—¿Quién se lo rompió a quién?

Ella se ruborizó un poco. Él se deleitó mirándola.

Su actitud enviaba entre líneas un mensaje paradójico, como de alegría y de enfado antiguo.

—Te he extrañado mucho —le dijo.

—Mentira. ¡Me diste la espalda!

—Fue un malentendido.

—¿Cómo?

Era impresionante el parecido de la escena con aquel sueño (*la realidad no es sino el resultado de lo que deseamos*).

—Te confundí con Justine.

—No… no entiendo.

—Sheccid… Déjame explicarte… Por favor. Tenemos que platicar con calma.

—Ya nadie me dice Sheccid. Yo misma olvidé ese nombre hace mucho.

—Pues vamos a revivirlo. *Eres* Sheccid. Mi princesa.

—Lo dudo, José Carlos. Soy todo menos eso.

La declaración sonó contundente.

—¿Cómo te dicen ahora?

—Por mi nombre. Lorenna. El apodo que me pusiste fue sólo un juego de niños. Y ya no somos niños. Al menos, yo no…

—Tienes razón… Sin embargo, hay una parte de nuestra naturaleza que siempre será infantil.

—En tu caso, quizá.

—Perdona que insista. Tú y yo nos queremos. Sólo tenemos heridas que sanar.

—Deja de decir tonterías. Me sorprendió verte. Formas parte de recuerdos muy intensos, pero no encuentro ninguna buena razón para que tratemos de reconstruir algo que se fue, como el Titanic, hasta el fondo del mar.

Comprendió que había un factor desigual en el encuentro. Mediante la extensa escritura de una historia en la que ella había sido su musa inspiradora, él había mantenido viva la llama del cariño, pero en cambio, el afecto de ella, si lo hubo, había fenecido por inanición.

—Démonos una oportunidad, Lorenna, de platicarnos lo que hemos hecho durante estos cinco años. Pongámonos al corriente. Aclaremos cosas. Podemos charlar con madurez, y luego, si así lo creemos conveniente, nos despediremos para siempre.

Al fin él había hablado en un lenguaje que ella comprendía y aceptaba.

—De acuerdo.

—Pasaré mañana a tu casa. A la hora que me digas.

—Espera. ¿Cuál es la prisa? Mañana no puedo. Tal vez un día entre semana. Te doy mi teléfono. Llámame. ¿Tienes dónde anotar?

—No. Pero dime el número. Me lo aprenderé de memoria.

21
Padres

Llegó tarde a casa. Todas las luces estaban apagadas. Al cruzar con cautela por la sala, percibió una presencia indefinida.

—Hola.

Saltó.

—¡Hey! ¡Me asustaste!

Su hermana Pilar, prendió una lamparita de mano. Se encontraba despierta, esperándolo en el sillón del pasillo.

—¿Cómo te fue?

—Bien. Muy bien. No vas a creerlo.

—¿Qué pasó? ¿La viste?

—Sí.

—¡Cuéntame!

—Todo esto es una locura.

Las luces de la habitación principal se encendieron.

—Habla más bajo —Pilar se veía nerviosa—. Papá está furioso porque lo desobedeciste.

—¡Ya me imagino!

—Vamos a tu cuarto y me cuentas.

Caminaron a hurtadillas, pero no alcanzaron a llegar al refugio.

—¿Por fin llegaste? —Su papá estaba en la estancia—. Van a dar las dos de la mañana.

—E... este... tienes razón.

—Fuiste a buscar a esa muchacha, ¿verdad?

—Sí...

Su mamá llegó a la escena; trató de atenuar la tirantez.

—Debiste llamar por teléfono al menos, hijo, para decirnos que estabas bien. Nos tenías angustiadísimos.

—Pilar sabía donde me encontraba…

—Ah, claro —ironizó su padre—, eso resuelve el problema. El hijo rebelde le dio información a la hija encubridora por si había alguna emergencia.

—No lo veas así.

—¿Cómo quieres que lo veamos?

Quiso contestar: "como un hecho natural: yo necesitaba ir, lo había decidido, era imperativo, pero tú no me comprendiste ni me apoyaste".

—Vuelvan a sentarse, por favor.

Se acomodó junto a Pilar y la tomó de la mano. Sus padres se apoltronaron en el sillón lateral.

—A ver —cuestionó con serenidad—. ¿Tú y tu hermana planean irse de aquí pronto para poner su propia casa y mantenerse por ustedes mismos?

—Mmh.

—¿Eso es un sí o un no? Porque de ser sí, no hay problema. Ponemos una fecha y los asesoro para que concreten la mudanza… Ya tienen más de dieciocho años. Legalmente pueden tomar su propio rumbo y manejarse como mejor les parezca, pero ¿entienden que si deciden vivir aquí, privilegiados del dinero, la protección, el cobijo y las comodidades que hay, deben obedecer las reglas?

Él asintió.

—No escucho.

—Sí, papá. Lo entendemos. Y no queremos irnos de esta casa —bajó la voz para completar—, todavía.

—Bien. Se piensan quedar. Entonces tendremos que ponernos de acuerdo. A partir de ahora habrá normas más claras aún; si vuelven a desobedecernos de forma artera, su madre y yo lo tomaremos como un acto de traición… Les iremos quitando privilegios.

La reprimenda, esta vez no contenía palabras agresivas o emocionales. Era objetiva. A pesar del denuedo, su padre les hablaba respetuosamente. Ante ello respondió con humildad.

—Estamos de acuerdo —y agregó algo que jamás había dicho—. Gracias por hablarnos así.

Pensó que el regaño continuaría, pero no fue necesario.

—Bueno. Todos a dormir. Mañana hay que levantarse temprano.

Se pusieron de pie. Los hijos se despidieron con un beso cauto. En cuanto su padre entró a la habitación principal, su madre regresó, como niña traviesa y les dijo.

—Siéntense unos minutos. No me dejen así. José Carlos, cuéntame. ¿Lograste verla?

—Eh, s… sí.

—Platícame los detalles.

—Sí, hermano —intervino Pilar—, ¿qué descubriste?

— He vivido engañado —se animó a explicar primero despacio y después con más soltura—. Yo siempre creí, ¡durante años!, que mi chica (por cierto, se llama Lorenna), había caído en drogas y en prostitución y en no sé cuántas porquerías más, pero no fue así. La confundí con Justine. Su prima.

—¿Cómo? ¿Son dos personas *distintas?*

—Sí. ¿Lo pueden creer? Yo todavía no lo asimilo.

—¿Y a quién de las dos viste hoy? —preguntó su madre.

—¡A las dos! Primero a Justine, es una cantante voluptuosa, medio excéntrica, seguro que fuma marihuana o inhala poppers. Quien sabe. Canta en un café. Se parece mucho a Lorenna. La confundí, pero me demostró que su cuerpo es diferente —no quiso dar detalles de la memorable demostración—. Ella me dijo dónde podía encontrar a Lorenna. Fui al lugar ¡y la vi! Mi Sheccid. Claro, ya no le gusta que le diga así. Prefiere su nombre. Charlé con ella. No ha cambiado. Sólo se ve más adulta y quizá hasta más hermosa…

—¿Se acordó de ti? —Pilar tenía muchas dudas.

—Sí.

—¿Se puso nerviosa?

—Un poco.

—¿Aceptó que te echó de menos?

—Entre líneas.

—¿Quedaron de verse después?

—En la semana. Le voy a hablar por teléfono.

—¿Dónde vive ahora?

—No tengo idea.

—¿Le darás tu libro para que lo lea?

—Me dijo que ya no le gusta leer.

—¡Qué grosera!

En el rostro de su madre había una sonrisa cauta. Como la dicha prudente de alguien que ama y se angustia al mismo tiempo.

—¿Qué piensas, mamá?

—Ay, mi vida. Me encanta verte entusiasmado. Enamorado, otra vez. Pero tu romance potencial con esta chica, no me brinda paz. Las circunstancias son demasiado turbias.

—Yo me siento bien. Eso es lo que importa ¿no? El amor fortalece... y la falta de amor debilita... Y yo amo a esa chica...

—¿A cuál?

—Ya sabes.

—No, no. Momento. Especifica. ¿Amas a Lorenna? ¿A Justina? ¿A Sheccid? ¿A la princesa del cuento de mi padre?

—¡Mamá!

—Tu respuesta es importante. Déjame hacer un resumen de lo que entiendo y me dices, por favor, si estoy en lo correcto: Tú leíste un cuento de Gustavo Adolfo Bécquer que describe a una mujer de ojos impresionantes. Desde hace muchos años dijiste (y has repetido una y otra vez), "la mujer de mi vida tendrá esos ojos". Amas la poesía.

100

Durante los últimos años has idolatrado a una chica sólo por sus ojos; estando lejos de ella, el amor platónico te transformó en alguien muy *fuerte*. Campeón de ciclismo, estudiante destacado, autor potencial. Porque, en efecto, el amor fortalece, sin embargo el amor está en la mente. Tú siempre tuviste el control de lo que pensabas y sentías. Fuiste fuerte gracias a que ella estaba lejos. A partir de ahora ya no será así. Le vas a dar el control de tus emociones... y ella *es una desconocida*.

—No digas eso. Ella no es *desconocida*...

—Sí lo es, cariño. ¡Apenas te enteraste que se llamaba Lorenna! ¡Y apenas supiste que tiene una prima casi idéntica! No tienes la menor idea de lo que puedes seguir descubriendo.

El joven guardó silencio. Entendía el argumento. Era razonable. Conquistar a esa chica de ojos parecidos a los descritos por Bécquer se había convertido para él en un reto, en un asunto de honor. Quería demostrarse a sí mismo que era capaz, pero no podía obviar el consejo de su madre. Confiaba en ella. Casi nunca se equivocaba.

—¿Qué me recomiendas hacer?

Ella volvió a agacharse un poco para reflexionar, antes de dar la respuesta. No era fácil. De pronto, su papá, quien al parecer había escuchado parte de la conversación, reapareció en la sala.

—Sigue adelante.

—¿Perdón?

—Conócela, hijo. Vive con ella el romance o el desamor o lo que tengas que vivir.

Hubo un silencio de tensión.

—Pero tú siempre te has opuesto.

—Sí, José Carlos; yo vivía convencido de que esto tenía que parar, que debías olvidarte de ella, dejar de buscarla y así permanecer en una zona de seguridad. Pero ahora, oyendo lo que ha pasado y el resumen de tu mamá, lo veo todo más claro. Tienes que dar un salto. Dejar la adolescencia y convertirte en adulto, ¡ya! Tal vez logres construir *algo real*. En eso consiste la madurez. No en pensar, sino en concretar. No en soñar sino en actuar. Tu novela es linda, pero es ficción, como lo ha sido toda esta historia de Sheccid. Sal a la vida real. Tal vez acabes golpeado, herido, molido, pero ya no será dentro de un libro…

El joven se quedó quieto, reflexionando hacia varias direcciones. Pensó, sin querer, en la labor paterna de educar hijos… a veces conteniéndolos (para frenarlos en sus impulsos, y ganar tiempo) y a veces impulsándolos (para que se muevan hacia delante con valor).

Se levantó y abrazó a su papá primero. Luego a su mamá.

Ahora, sin impedimentos y con carta abierta para actuar, se sintió responsable de las consecuencias que pudiera atraer…

Y el reto, visto así, ya no le pareció tan atractivo.

22
Accidente

C.C.S. lunes 7 de marzo de 1983

Tengo la piel en carne viva; el antebrazo derecho quemado y las piernas llenas de raspones.

No debería quejarme. Mis heridas no son nada comparadas con las de la niña que atropellé.

Ahora estoy en casa. Mis padres han permanecido en contacto con el entrenador y su esposa. Parece que la pequeña sigue delicada; no me quieren informar detalles.

—¿Podemos ir a verla al hospital?

—Después. Deja que salga de terapia intensiva y sus familiares comprendan que fue un accidente en el que tú no tuviste la culpa.

—¿Y qué importa quién la haya tenido? La niña sufrió un traumatismo craneal.

—Sí importa, porque algunos querrán agredirte y hasta aprehenderte. Las bicicletas de pista no tienen frenos. Esa pequeña se soltó de la mano de su madre y corrió por una vía prohibida. ¡Imagínate que un niño se cruce la pista del autódromo al momento en que pasan los autos de carreras a toda velocidad! Ocurriría una tragedia. Si el niño muere y el piloto choca y muere también, la culpa sería del niño. O mejor dicho, del padre que lo soltó. Nunca del piloto.

—Es la hija de mi entrenador. ¡Quiero verla!

—Está grave. Hay mucha gente en el hospital. Gente que no entiende exactamente lo que sucedió.

—¿Va a morir?

—Recemos para que no.

—¿Por qué pasó esto?

—Descansa. Recupérate y trata de no pensar.

Era fácil decirlo.

Quise dormir y tuve pensamientos horribles.

Soñé que Lorenna Deghemteri iba a presenciar mi entrenamiento. Estaba en las tribunas animándome.

Cada vuelta que doy, al pasar por la meta volteo a verla y me sonríe. De pronto, una nube negra se posa sobre ella. La gente comienza a irse, huyendo del viento y de los tétricos relámpagos. Lorenna sigue ahí, mirándome... Sólo queda ella. Su cabello se ha alborotado dándole un aspecto tenebroso. Aunque sigue siendo hermosa, transluce una maldad oculta que fulgura en sus ojos azules de una profundidad abisal. Tengo miedo. Ha bajado de las tribunas y se ha parado en la puerta de entrada a la pista. Me mira con una sonrisa macabra. Junto a ella está la niña de mi entrenador; Lorenna se agacha para hablarle a la pequeña al oído y la empuja para que corra hacia la pista, justo cuando yo voy pasando.

Salté de la cama y salí de mi habitación.

—¿Qué te pasa? —Preguntó mi madre—, ¿estás bien?

—Tuve un mal sueño. Necesito caminar.

—Espera. Tienes visitas. Ariadne vino a verte…

—Dile que pase.

—Se encuentra en la sala.

Fui a su encuentro.

—Pecosita.

—Hola, amigo —me saludó—, supe que tuviste un accidente. ¿Cómo te sientes?

—Muy mal. Con gusto borraría tantos años en mi haber ciclista, incluyendo los premios y logros que he obtenido, si pudiera borrar también lo que pasó este día.

—Explícame.

Hoy se llevó a cabo la primera medición de tiempos para seleccionar a los ciclistas que representarán a México en la próxima Universiada. Hice un pésimo papel. Estuve dos segundos por debajo del mínimo exigido para el kilómetro contra reloj y cinco décimas para la velocidad.

Bajé de la bicicleta, furioso. Llegué con mi entrenador, Julio Munguía, y le dije:

—No entiendo. Di lo mejor de mí en la pista de competición y aun así no logré el tiempo requerido.

—El triunfo no se logra en la pista de competición —contestó—. Sino en la de entrenamiento. Los que se suben al pódium para recibir medallas, ya lo hicieron antes, en la mente, muchas veces. El campeón logra su anhelo, siguiendo una dieta y una disciplina de sueño; leyendo todos los documentos impresos que existen sobre su especialidad; planeando estrategias y practicando; ¡practicando mucho! ¡Todo éxito público es producto de las horas invertidas en privado! ¡Lapsos de ensayo y error! ¡Trabajo perfeccionista con enfoque obsesivo!

Mi respuesta fue inmediata. Exaltada.

—Estoy dispuesto.

—Pues te daré un nuevo plan de trabajo… Eres mi más insigne representado. Así que muérete en la raya, entrenando y preparándote, pero no te rindas.

—¡Quiero empezar hoy mismo!

—¿Cómo?

—Estoy fresco. Apenas me cansé. Puedo entrenar más; quiero irme a casa agotado.

—Bueno. Dentro de unos minutos practicará el equipo de persecución. Únete a ellos y foguéate.

Acepté.

Las facultades de los ciclistas persecutorios son muy diferentes a las mías. Ellos pueden pedalear como máquinas autónomas durante horas, sin cansarse. Yo en cambio, sólo soy capaz de rápidos sprints por unos cuantos segundos (aunque alcanzo velocidades a los que ellos jamás accederían). Me es casi imposible seguirles el paso, pero esforzarme en ello ensancha mi registro de potencia. Así que me subí a la bicicleta y pedaleé detrás del equipo. Era como tratar de alcanzar una locomotora. A la entrada de cada curva, el líder en turno le cedía el paso al siguiente y se formaba detrás de la fila. Yo dejaba espacio para que el intercambio se diera con holgura.

Entonces ocurrió lo increíble.

La hija de mi entrenador, de escasos seis años, se asomó por la puerta de la pista buscando a su papá.

Íbamos saliendo de la curva y entrábamos a la recta principal. Vi a la niña. ¿Qué pretendía hacer? Si se atravesaba, el grupo entero podía pasarle encima. Éramos cinco ciclistas en bicicletas con engranaje fijo. ¡Sin frenos!

Me salí de la fila para prevenirla…

—¡Hey, cuidado! —grité; no me escuchó.

La pequeña alcanzó a ver la fila de ciclistas, pero no me vio a mí. Disminuí la velocidad un poco haciendo contrapeso en los pedales y separándome de la contención, pero la pequeña echó a correr hacia el interior del velódromo levantando la mano y gritando "papá". Su movimiento fue instantáneo e impredecible. No pude anticiparlo. ¡De pronto la tuve frente a mí! Vi como se insertaba en el manubrio, atoraba la rueda delantera, se metía debajo de mis pedales, golpeándose con el suelo. Todo en unos segundos. No pudo ni gritar. Yo tampoco.

Salí catapultado por los aires. La bicicleta dio una maroma sobre mis hombros… la nena rodó detrás.

Mis guantes, mi casco y la previsión del golpe cuando iba volando me permitieron prevenir daños mayores. No tuve fracturas. Sólo raspones serios… pero ella quedó inconsciente. Permanecí en el suelo mirando entre nubes hacia atrás. Nadie acudió a ayudarme. Todos los presentes, como locos, rodeaban a la chiquita y vociferaban pidiendo auxilio. Cerré los ojos y le pedí a Dios que estuviera bien. Sigo esperando su respuesta.

En los párpados hundidos de mi amiga pecosa se avecinaba la inminencia de una lágrima. Quiso evitarla limpiándose los párpados secos aún con la manga de su suéter.

—Yo tampoco entiendo por qué le suceden cosas malas a las personas buenas. ¿Será para que nos unamos y nos apoyemos unas a otras?

—Sí —concedí—, tal vez es por eso...

Cambió el tema de forma abrupta.

—Me dijo Pilar que fuiste a ver a Lorenna.

—¿Ya te contó los detalles?

—Más o menos. Necesito que me platiques bien.

—Pecosa ¿tú de veras no sabías que Lorenna y Justine son dos personas diferentes y que mientras nuestra compañera se fue a vivir a Estados Unidos, su prima mayor siguió formando parte del Club de la dicha?

—No. Estoy igual de asombrada que tú.

—Pero Lorenna era tu mejor amiga en la secundaria.

—Alguna vez mencionó que tenía una prima muy rebelde, pero no me dio su nombre ni me comentó sobre el parecido que había entre ellas. Odiaba hablar de sus problemas familiares.

—¿Por qué será que no te creo?

—Me apena oír eso.

—A mí más decirlo...

Por unos minutos no hablamos más. Ella fingió distraerse con las figuritas del tapiz. Luego retomó:

—Bueno, debo irme —otra vez había asomado a sus mejillas esa tristeza abstracta—, sólo vine a darte ánimos y a decirte que estoy contigo.

—Gracias.

—¿Me dejas darte un abrazo?

—Otro día. Tengo todo el cuerpo lastimado.

23

Planeación telefónica

Permaneció frente al teléfono, mirándolo de reojo mientras escribía los pormenores de un diálogo ficticio. Quería estar preparado sobre cualquier rumbo que tomara la conversación.

Escribió:

> **Le diré**: Hola, Sheccid ¿cómo estás?
>
> **Ella me dirá**: ¡Ah! Hola, estoy bien ¿y tú?
>
> **Yo le diré**: Tuve un percance desafortunado. Por eso no te llamé antes. Pero ya me recuperé de las lesiones; he pasado varias jornadas poniéndome al corriente en deberes escolares y laborales.
>
> **Ella me dirá**: No te preocupes. Yo también he estado muy ocupada.
>
> **Yo le diré**: Quisiera preguntarte si aceptarías tomar un refrigerio.

Se detuvo. Estaba escribiendo frases rebuscadas. Tachó y volvió a comenzar. Un diálogo así podía viajar por muchos trayectos. Debía sonar más natural, estar preparado con todas las opciones, escribir argumentos convincentes, numerarlos y tenerlos a la mano cuando hablara con ella. No podía fallar. Tampoco podía sonar inseguro. El anonimato visual del teléfono le permitiría leer palabras exactas y expresarse con desenvoltura sobresaliente.

Invirtió casi dos horas en la redacción de los posibles diálogos. Cuando ya tenía varias hojas se dedicó a clasificar y estudiarlas. Después fue por un vaso con agua, cerró la puerta con llave para evitar cualquier interferencia e hiperventiló haciendo rápidas aspiraciones. Al fin marcó el número.

Contestó una secretaria.

—¿Me puede comunicar con Lorenna Deghemteri, por favor?

—¿De parte de quien?

—Un amigo, José Carlos.

—Momento, por favor.

Cruzó los dedos. Se puso de pie; resopló... "que conteste, por favor, que conteste". Volvió a sentarse. "Por favor, por favor". Los segundos le parecieron minutos.

—¿Hola?

¡Era ella! ¡Estaba ahí del otro lado de la línea! Buscó los papeles, tomó el primero con la mano temblorosa. Leyó.

—Hola, Sheccid ¿cómo estás? Habla José Carlos.

—¡Ah! Hola, estoy bien ¿y tú?

¡Fantástico! Los parlamentos iban como imaginó. Todo saldría bien. Leyó la siguiente línea.

—Tuve un accidente. Por eso no te llamé antes. Pero ya me recuperé de las heridas; he pasado varios días poniéndome al corriente en el trabajo y las tareas de mi escuela.

—¿Cómo? ¿Qué te pasó?

Esa opción era una de las últimas que había escrito. No creyó que ella se interesaría en el tema. Pasó las hojas. Se le cayeron. Las recogió nervioso... al fin halló el párrafo.

—Estaba entrenando en el velódromo. Por desgracia, una niña de escasos seis años entró a la pista de improvisto y chocamos. Ambos salimos lastimados, pero...

Dio vuelta a la hoja. El párrafo estaba incompleto. Movió los papeles con desesperación; no encontró lo que buscaba.

—¿José Carlos, atropellaste a una niña? ¿No la viste?

Se había quedado sin habla.

—Es que… —pudo susurrar—, es que… mi bicicleta no tiene frenos.

—¿Cómo? ¿Se descompuso?

—No… no… así es de fábrica…

Pasó las hojas tratando de asirse a algún enunciado escrito que volviera a darle seguridad.

—Disculpa mi ignorancia, no entiendo mucho de ciclismo. ¿Pero la niña y tú están bien?

—Sí… ¡claro! Perfectamente. De maravilla. Bueno, no tanto así… Ya pasaron nueve días… ella estuvo en terapia intensiva… salió del peligro y… se encuentra perfecta como si nada. Ya sabes; esas cosas pasan. Aunque en realidad no deberían pasar. Si quieres luego te cuento.

(Cálmate, amigo, improvisa, tú puedes hablar bien, ella está dispuesta a charlar).

—Pensé que nunca me llamarías.

—Ah.

(Desde hace varios meses, de día y de noche, sólo pienso en llamarte)

—¿Estás ahí?

—Sí, Lorenna. ¿Aceptarías que te invite un café?

—No hace falta tanta formalidad. Ven a verme. Hoy mismo si puedes. Estoy trabajando en las oficinas de mi padre con varios jóvenes. Organizamos un congreso juvenil. Ayúdanos un poco. Únete a nosotros y ya encontraremos tiempo para convivir.

—Claro. Por supuesto. Aunque estudio en la universidad vespertina. Salgo a las diez de la noche. En realidad, a las nueve y veinte… ¿es muy tarde?

—¡No, hombre! Hoy trabajaremos hasta las once. Ven. Te espero. Anota la dirección.

Comenzó a escribir pero al bolígrafo se le terminó la tinta. Rayó con fuerza. Rompió el papel. Arrojó la pluma a la pared. Buscó en el cajón. Sólo halló una crayola. Escribió con trazos gruesos ininteligibles.

Durante las clases de ese día no entendió un ápice de lo que enseñaron sus profesores. Veía hacia la ventana con la misma ansiedad del adolescente que está a punto de asistir a su primera cita. El profesor de la cátedra final tardó más de lo acostumbrado en terminar la sesión.

A las nueve veinte se excusó y salió del aula corriendo. Manejó el auto con mayor velocidad de lo usual, pero sin perder de vista cada detalle del camino, imaginando y previniendo en todo momento la aparición imprudente de algún niño. Aunque condujera con prisa, jamás en su vida olvidaría llevar el pie alzado sobre el pedal del freno.

Llegó al domicilio. Era una casa de piedra con pilastras robustecidas y capiteles exagerados. La fachada tenía repellados rústicos pintados con esmalte de bajo brillo en colores tórridos, casi fosforescentes. Parecía la residencia particular de un arquitecto audaz. En el garaje, había un Corvette convertible rojo.

Tocó el timbre con la mano convulsa. Sin hacer análisis muy profundos, comprendía que estaba a punto de incursionar en un medio socioeconómico al que no pertenecía.

La puerta se abrió.

Lorenna Deghemteri estaba frente a él.

—¡Hola! —Le dio un beso en la mejilla—. Pasa. Qué bueno que pudiste venir.

24
La lata de pintura

En esa época los jóvenes no solían saludarse de beso. Lo normal era darse la mano. Simplemente. Los besos estaban reservados para relaciones más íntimas, cercanas o consanguíneas.

Avanzó tras ella, consciente de haber sido recibido con mayor aquiescencia de la esperada. La miró. Usaba un pantalón de mezclilla muy pegado y una blusa de tela con tirantes. Sus contornos eran oblongos, sensuales, casi sibaritas. Al igual que Ariadne, había cambiado mucho desde la secundaria, pero a diferencia de la pecosa, sus formas femeninas incurrían más en la delgadez refinada que en la exageración voluptuosa…

—Pasa, por favor. Te presento a mis ayudantes —y comenzó a recitar algunos nombres (no se sabía todos); dos o tres de ellos voltearon para asentir con la cabeza; los demás ignoraron al recién llegado.

Cerca de diez jóvenes, casi todos hombres, contaban libritos recién encuadernados, los empacaban en cajas, cotejaban listas de inscritos, y rotulaban a mano montones de gafetes.

—Parecen tener prisa.

—Estamos preparándonos para el congreso juvenil de liderazgo. Comienza en dos semanas, pero aún nos falta mucho por organizar. Yo soy la coordinadora. ¿Lo puedes creer? —bajó la voz para no ser escuchada—. Ven. Pasa a mi oficina.

La siguió. Había un escritorio de madera brillante con sillón ejecutivo y dos sillas para visitas. Ella evitó sentarse en el puesto de mayor jerarquía. A cambio, se desplomó en una de las butacas para invitados.

—Estoy exhausta. A mi padre se le ocurrió este circo y luego me dejó a cargo.

José Carlos se sentó junto a ella, sin lograr deshacerse del nerviosismo que lo embargaba.

—Yo… yo puedo ayudarte.

Ella recuperó el refinamiento y cruzó la pierna.

—Me conformo con tener un amigo que me acompañe.

—Ellos, quiero decir, los que están afuera ¿no son tus amigos?

—¡Para nada! Son chicos de bajos recursos que solicitaron una beca para el congreso —(bajó la vista turbado por la alusión despectiva que lo incluía a él)—. Van a trabajar como edecanes y a cambio de eso podrán escuchar las charlas. Tenemos programas de ayuda social. Ya sabes.

—Ah… eso es muy bueno… sí… —miró alrededor.

En la pared había un poster con la propaganda para el evento. Se llevaría a cabo durante la Semana Santa, del veintiocho de marzo al dos de abril. El orador principal era un conferencista sudamericano que miraba a la cámara fotográfica con una sonrisa dramatizada, Mariscal Adalid.

—¿Lo conoces? —preguntó ella.

—No. Tiene nombre rimbombante. Seguro es un seudónimo.

—Mariscal Adalid es el representante internacional de Napoleón Hill. ¿Sabes quién es?

—He leído libros de él; también de Dale Carnegie, Og Mandino y Zig Ziglar.

—¿Y has oído una conferencia de alguno de ellos en vivo? —(negó con la cabeza)—. Te voy a dar un casete de Mariscal. Recopila las mejores frases de ideólogos, no sólo los que mencionaste, sino muchos otros que nos enseñan a amarnos a nosotros mismos y a empoderarnos. A ti que te gusta tanto filosofar sobre la vida, te va a interesar.

—¿La otra noche en el Claustro de Sor Juana, estabas con los que organizan este congreso?

—Sí. Mi papá hizo una cena para los hijos de empresarios que patrocinan. Yo ya me había aburrido. Hasta que tú llegaste. Eso le dio un toque especial a la noche. Como ahora.

¿Había oído bien? ¿Ella le estaba coqueteando? Carraspeó. Tomó dos esferitas de acero que estaban en el escritorio sobre una base de madera, y empezó a juguetear con ellas. Eran huecas y hacían un ruido metálico al moverse, como provocado por campanitas interiores. Las frotó. Se le cayeron. Las levantó. Se sentía bloqueado para mantener una conversación. Ella tampoco parecía en sus cabales.

—¿Princesa —preguntó al fin con timidez—, por qué antes de irte a vivir a Estados Unidos no te despediste de mí?

—Porque de pronto me diste la espalda sin ninguna razón. Sí, ya sé que fue un malentendido, sin embargo creí que entre nosotros había un cariño capaz de sobrepasar cualquier obstáculo.

Las esferitas sonoras de metal se le escaparon de las manos de nuevo. Esta vez una de ellas se metió debajo del escritorio. Gateó tras ella.

Alguien tocó a la puerta.

—Ya nos vamos, Lorenna.

Eran los jóvenes asistentes. Ella les preguntó por los avances del trabajo y se puso de pie para despedirlos.

Cuando José Carlos salió por el otro lado de la mesa trayendo la pelotita, se dio cuenta que ella no estaba en la oficina. Acomodó la esfera de metal sobre la repisa y trató de calmarse.

"Relájate, respira, puedes charlar con ella; sólo sé tú mismo".

Los voluntarios terminaron de rendirle cuentas y abandonaron las oficinas. Lorenna cerró los picaportes por dentro. José Carlos compendió el contexto con estupefacción creciente. ¿Había alguien más dentro del inmueble? Giró la cabeza despacio. Silencio. Eran las once de la noche, y estaban ellos dos solos encerrados en la casa.

En la pared había una enorme manta de tela con letras trazadas en lápiz. "Bienvenidos". Sólo la "B" tenía color. Sobre la mesa contigua, reposaban varios pinceles recién lavados y un bote de pintura acrílica verde. Lorenna caminó despacio hacia el sitio, destapó el recipiente, tomó una brocha y sin decir nada, comenzó a rellenar los espacios contorneados en la manta. José Carlos se acercó. Quiso tocarle el hombro y se imaginó deslizando la mano cariñosamente por el brazo desnudo de la chica. No se atrevió.

—¿Te ayudo?

—Si quieres...

Trabajaron callados, impregnando de pintura los contornos del rótulo. Casi habían terminado de colorear las letras cuando ella comenzó a reír.

—¿Ya te viste? Tienes la barbilla y los labios llenos de puntitos verdes.

Dio unos pasos hacia el espejo de la que otrora fue sala de una residencia.

—¡Caramba! —rezongó.

Ella seguía riendo. En atrevimiento festivo y empujado por un repentino exceso de confianza, mojó su yema del índice con pintura y le plantó a ella una mancha en la cara. La chica dejó de reír, metió su pincel al recipiente y lo sacó sin escurrir para correr tras José Carlos, quien logró evadir el brochazo.

—¡Jamás me alcanzarías!

—¡Eso crees!

Siguieron correteando, entre risas y frases de provocación. En un giro, ella logró pintarle un brazo y ambos tropezaron sobre la lata de pintura. El recipiente cayó al piso. Ellos a un lado. Los invadió un ataque de risa incontrolable.

—¡Mira lo que hiciste!

—¡Soy más veloz!

—¡Ya ves que no!

Siguieron riendo antes de ponerse de pie para tratar de limpiar el desastre. Por fortuna, el piso era de mármol y la pintura soluble al agua.

—Qué bueno haberte encontrado —le dijo él mientras tallaba la mancha del suelo.

—No sé si celebrarlo o esperar otra zancadilla.

—Y yo no sé si volverás a desaparecerte viajando a un sitio recóndito del planeta, sin avisarle a nadie.

—Mmh.

Los reproches salían de lugar cuando había otros deseos preponderantes. No podía darse el lujo de desperdiciar un momento así, con titubeos y timideces. Se acercó a ella y le acarició la cara. Ella cerró los ojos y se dejó acariciar. Calculó la distancia que había entre sus bocas. Si se aproximaba con rapidez, pero sin ser brusco, lograría el objetivo en menos de cinco segundos. Comenzó a moverse; a mitad del camino se le ocurrió preguntar.

—¿Por qué te fuiste?

Ella abrió los ojos y se alejó como movida por una repentina incomodidad.

—Me fui por culpa de la maestra Jennifer. ¡Las cosas se pusieron feas!

—¿Cómo? Jennifer fue siempre nuestra consejera y aliada...

—Eso crees... Por culpa de ella tuve que irme, no sólo de la escuela... sino al extranjero...

—Sheccid, tenemos que hablar con más calma…Necesitas explicarme.

—Sí —ella estaba sentada en el piso muy cerca de él, con un trapo de limpieza en la mano—, tomemos un helado de chocolate como hace cinco años cuando fuimos a comprar el libro de Baldor.

Titubeó.

—Claro, me encanta la idea… —sus sueños estaban materializándose… (El autobús apretujado, maloliente y sucio; la tormenta eléctrica; la medusa malvada empujando a la hija de su entrenador hacia la pista).

—¿Por qué pones esa cara? ¿Quieres que hagamos eso o prefieres..?

—Sí quiero. Disculpa, me distraje recordando. Casi no puedo creerlo…

—Pero esta vez —aclaró ella—, no iremos en transporte público, sino en auto.

—¡Mejor! Eso te iba a proponer.

25
Estar enamorado

C.C.S. viernes 18 de marzo de 1983

Estoy enamorado, amigos.

Y eso, como dice mi admirado Francisco Luis Bernárdez, «es descubrir dónde se juntan cuerpo y alma; es percibir en el desierto, la cristalina voz de un río que nos llama, es ver el mar desde la torre donde ha quedado prisionera nuestra infancia».

Una especie de letargo me ha impedido realizar mis rutinas; y sigo como hipnotizado. Ido.

Esta semana ni siquiera escribir me ha servido de consuelo. Sólo anhelo estar con ella. Cerca de ella. Quiero inhalar su aliento, beber de su boca, cobijarme del frío bajo sus brazos.

Hoy al despertar, me vestí con mi ropa deportiva más cómoda, cogí la bicicleta y salí de la casa a pedalear. Pero no quise fatigarme. Tomé las calles hacia los campos deportivos y me limité a dar vueltas en círculos, más paseándome que entrenándome. Hablé en voz alta mientras avanzaba, sin ser capaz siquiera de ponerme de acuerdo conmigo mismo. Empecé diciendo. «Esto no está bien, debes controlar tu mente, cuidar tus emociones, protegerte de otra posible desilusión». Pero luego caía en el mismo embelesamiento.

«Estar enamorado, amigos, es comprender perfectamente que no hay fronteras entre el sueño y la vigilia. Es ignorar en qué consiste la diferencia entre la pena y la alegría. Es escuchar a medianoche la vagabunda confesión de la llovizna. Es divisar en las tinieblas del corazón una pequeña lucecita».

Me salí de las carreteras solitarias y entré sin darme cuenta a calles atestadas de automóviles con sus respectivos conductores rudos e ignorantes en la práctica de compartir el pavimento con ciclistas.

Una hora después regresé a casa. Me metí a la ducha y de nuevo quise ponerme a cuentas con mi conciencia. Tampoco lo logré. Seguí declamando. Aunque era tarde, me moví despacio.

Después de ese supuesto entrenamiento, me puse traje y corbata. Tomé el auto y conduje despacio hasta la incipiente escuela para secretarias taquimecanógrafas de mi padre. Mi labor en el registro de nuevas discípulas estuvo plagada de errores. Papá me regañó en frente de una linda chica cuyo apellido escribí mal dos veces. Luego impartí cuatro clases, distraído, con poca creatividad. Al terminar mis labores salí a toda prisa y fui a mi vieja escuela secundaria. Necesitaba hablar con la maestra Jennifer. Confrontarla, indagar, investigar. Hacía varios años que no la veía. Siempre fue mi mentora y amiga. Me enseñó a declamar, a escribir cuentos y poesía; a luchar por mis sueños e incluso a conquistar a Sheccid.

Acercarme a la vieja escuela me recordó antiguos momentos.

«Estar enamorado, amigos, es no saber si son ajenas o son propias las lejanas amarguras. Es remontar hasta la fuente, las aguas turbias del torrente de la angustia. Es compartir la luz del mundo y al mismo tiempo compartir su noche oscura. Es asombrarse y alegrarse de que la luna todavía sea luna. Es comprobar en cuerpo y alma que la tarea de ser hombre es menos dura. Es empezar a decir "siempre", y en adelante no volver a decir "nunca"».

Tomé la copia de mi libro y bajé del auto. En la reja estaba Roberto. El prefecto. Lo saludé de mano. Se sorprendió.

—Hola, José Carlos. Qué elegante vienes. Nunca te había visto de traje y corbata.

—Estoy trabajando en una escuela para secretarias.

—Así que has ascendido a la docencia antes que yo. ¿Quién lo diría?

—Quiero pasar a saludar a mis antiguos profesores… ¿Puedo?

—¿Buscas a alguno en especial?

—Sí. A la maestra Jennifer. ¿Todavía coordina la academia? Recuerdo que estaban a punto de ascenderla —me entusiasmé con la lógica—. Después de tantos años no me extrañaría si ahora es la directora general.

—A la maestra Jennifer le fue muy mal ¿no te enteraste?

—¿Qué le pasó?

Roberto sonrió como disfrutando de poderme dar la noticia.

—Ya ves como era ella. Se metía mucho en la vida de sus alumnos para darles consejos de tipo personal. Pero se equivocó una vez y las cosas se salieron de control. Demandaron a la escuela por su culpa y a ella estuvieron a punto de meterla a la cárcel. Entonces dejó de trabajar. Hace poco regresó. Ya no es coordinadora y por supuesto que jamás podrá aspirar a la dirección del colegio. Sólo da unas cuantas materias.

—Bueno —añadí—, ella disfruta impartir clases… ¿puedo verla? Le traigo un regalo.

—Pasa —abrió su carpeta de horarios y consultó—. Está en el aula nueve. Espérala afuera hasta que toquen el timbre. Dentro de diez minutos será el cambio de turno.

—Gracias, Roberto.

Entré a mi vieja escuela mirando alrededor. A diferencia de algunos sitios que se deterioran con los años (como la colonia de Mario), ése se veía lustroso, recién pintado, limpio, con más flores y árboles.

Llegué al aula nueve y vi a mi maestra a través de la ventana. Lucía más delgada y encorvada. Me miró de reojo, siguió dando clases, pero su postura cambió; creo que se irguió un poco. …

Sonó la chicharra. Los alumnos salieron en estampida. Entré al salón. La profesora estaba acomodando sus cosas sobre la mesa.

Esbozó una gran sonrisa al verme

26

Buscar el placer

—¡Ven acá, hijo! —La maestra Jennifer le dio un fortísimo abrazo—. Mira, nada más. Te ves elegante. ¡Pareces adulto, pero todavía tienes mirada de niño!

—¿Eso es un elogio?

—¡Lo es!, ¿qué te trae por aquí?

—Vine a entregarle esta novela que escribí —le dio el manuscrito fotocopiado—, es una historia de amor…

—Oh —la puso sobre la mesa y pasó las hojas.

—En ella hablo de Mario, Ariadne, Sheccid, y usted.

—Ya veo —Jennifer parecía tensa, como si estuviese siendo observada por cámaras de espionaje; cambió el tema con habilidad.

—Yo quiero que leas el escrito de uno de mis alumnos universitarios. Porque también doy clases en licenciatura —apostilló con orgullo—. Les pedí que me hicieran un breve ensayo sobre la felicidad.

José Carlos estaba desconcertado. ¿Su maestra tenía una especie de Alzheimer precoz?

—No entiendo.

—Verás lo dañina que es esa ideología de buscar los placeres a ultranza

—Ah, ya veo. Se refiere a lo que hacían en el *Club de la dicha.*

Era eso, pero no quiso referir a ningún alumno del pasado. (¡Cuánto daño le habían hecho!)

Abrió su mochila y sacó una carpeta. Buscó la hoja. La encontró casi de inmediato.

—Por favor, hijo. Lee esto tú mismo. En voz alta. Verás qué interesante.

Con fastidio, tomó la hoja y obedeció.

Relato de un joven que quiere ser feliz.

Papá siempre llegaba furioso del trabajo, decía que odiaba a su jefe y odiaba la empresa que lo explotaba. Mi madre, por su parte, odiaba las labores del hogar y mis hermanos y yo odiábamos estudiar. Así que todos éramos INFELICES entre semana. Pero los viernes en la noche comenzaba la fiesta. Cada quien por su lado, con sus amigos... íbamos al cine, a reuniones, a bailes y la pasábamos bien... ese era nuestro concepto de FELICIDAD.

En casa yo no levantaba la ropa sucia, ni un plato ni un papel. Para eso estaba la muchacha de servicio doméstico.

Desde pequeño, me daba mucha flojera hacer la tarea y fingía que no sabía, ni podía, porque en la escuela no me habían enseñado eso. Mamá entonces llamaba al colegio para protestar; al final, ella siempre acababa haciendo mis tareas. Me cambió varias veces, porque no le gustaba que abusaran de mí. Los maestros me tenían mala fe, mis compañeros me molestaban, y ninguna escuela cumplía nuestras expectativas. Pasé la secundaria como pude, copiando, comprando exámenes. A mis padres sólo les importaba que obtuviera mi certificado. En el bachillerato, cada semana me reunía con amigos para hacer trabajos por equipos, pero la verdad sólo hacíamos travesuras. A veces tomábamos alcohol y nos bajábamos el mareo con pastillas. Siempre estábamos *high*. Nada nos excitaba lo suficiente. Así que nos dio por ir a parques de diversiones y aventarnos mil veces de la montaña rusa más alta (a veces sin cinturón de seguridad). Sólo cuando se nos hacía tarde les hablaba a mis papás y les decía que iba a tener que quedarme a dormir en la casa de mi amigo porque no terminamos el trabajo.

Ahora estoy en la universidad; no sé ni cómo llegué hasta aquí.

Hace unos meses, mis papás se enojaron mucho porque descubrieron que yo me volaba las clases y me iba a pasar las tardes con mi novia en turno, a un hotel; los rucos se pusieron medio flamencos. Dijeron que tenía que sentar cabeza. Y lo intenté.

Me metí al equipo de futbol, pero el entrenador era un sádico. Dejé el futbol y me inscribí en teatro; ¡había que aprenderse muchas hojas de diálogos y ensayar tres horas diarias! (esa gente está enferma). Dejé el teatro y quise dedicarme a los estudios; la carrera NO me gustó; estaba muy pesada y tenían muchas materias de relleno. Así que decidí cambiarme de carrera... Tengo veintidós años y estoy empezando de nuevo. A mis papás les digo que ahora sí es la buena. Que no se preocupen... No quieren que me convierta en un vago. Yo tampoco. Mi único deseo en la vida es ser feliz.

Terminó de leer el escrito y casi de inmediato soltó una carcajada.

—Está buenísimo —comentó—. Es la forma como piensan muchos.

—¿Verdad que sí? —Jennifer se puso de pie y caminó por el estrado del salón vacío, como brindando cátedra a un auditorio inexistente—, muchos jóvenes buscan sólo el placer extremo; ¡para ellos todo es intenso!, un acontecimiento bueno lo exageran y dicen que es lo máximo, y un detalle pequeño lo exageran también y dicen que la vida es horrible y hasta se quieren suicidar. El problema es que sólo aprecian lo excitante y siempre quieren más. Lo cotidiano les aburre. Pero la felicidad no consiste sólo en buscar el placer, como difundían los miembros de aquel —se atrevió a referirlo—, *Club de la dicha.* La felicidad estriba en saber estar satisfechos —enfatizó el concepto repitiéndolo—. No hay nada más importante que "la satisfacción en lo cotidiano". Hoy en día, los padres creen que deben premiar a sus hijos por levantar el plato en el que comieron, por tender su cama o por salir juntos en familia. Les dicen, "si nos acompañas a visitar a tu abuelita, te compramos un regalo, o te llevamos a comer al restaurante que te gusta". Así, les muestran que lo cotidiano es indeseable y que si se ven obligados a ello deben exigir una recompensa. ¡Pero entre más pase una persona por situaciones excitantes, menos satisfecha estará con su vida! Siempre querrá aumentar su placer. Así funciona la droga, el sexo libre y la fiesta excesiva. Cuando se acaban los efectos, viene el bajón, y el individuo, acostumbrado a evitar toda incomodidad, vuelve a su vicio y se engancha en un ciclo destructivo.

La chicharra de la escuela volvió a sonar, anunciando la entrada del turno vespertino. Casi al instante los pasillos exteriores comenzaron a llenarse de estudiantes.

—Con permiso —dijo una chica entrando al aula. Detrás de ella llegaron varios más.

—Tenemos que irnos —Jennifer volvió a la mesa para guardar sus cosas. Levantó el manuscrito de José Carlos y sopesó su volumen.

—Es un trabajo extenso.

—¿Lo leerá?

—Por supuesto.

—¿Y después podemos vernos con más calma para que me explique qué sucedió con Lorenna Deghemteri?

Ella movió la cabeza negativamente.

—Lo siento.

Le dio un abrazo precipitado a su exalumno y salió por la puerta dejándolo en ascuas.

27

Casa del libro

C.C.S. sábado 19 de marzo de 1983

Hoy comprobé que mi madre tenía razón (siempre la tiene): «Estando lejos de ella, el amor platónico te dio fortaleza. Tuviste el control de tus emociones. A partir de ahora ya no será así. Su cercanía te debilitará».

Estar cerca de Lorenna me produce un hechizo inconfesable. Pierdo la sensatez, la cordura, el sano juicio. Me olvido de propósitos deportivos o de metas académicas. Sólo me importa ella. Todas mis fuerzas confluyen en un solo propósito: conquistarla. Y termino agotado, debilitado.

Sus ojos azules se parecen tanto a los descritos por Gustavo Adolfo Bécquer (aunque los del poeta son verdes), que al verlos repercute en mi cerebro lo que me dije hace años "yo reconoceré a la mujer de mi vida por sus ojos".

Pasé toda la tarde al lado de ella.

Y ahora sólo quiero encerrarme a escribir, a describirla, a descifrar el enigma que la rodea. Esa chica es para mí como lo fue para Fernando de Argensola (de Bécquer), la extraña mujer que conoció en la fuente de los Álamos.

¿Sabes tú lo que más amo en el mundo? ¿Sabes tú por qué daría yo el amor de mi padre, los besos de la que me dio la vida y todo el cariño que pueden atesorar todas las mujeres de la tierra? **Por una mirada, por una sola mirada de esos ojos**...

Ella y yo nos quedamos de ver en la Casa del Libro, movidos por el juego sensiblero de revivir nuestra hermosa aventura de años.

Estacioné el auto de mi hermana frente a la puerta de la librería y me recargué en su costado. Así, ella notaría que yo ya no me transportaba en autobús. Pero mis intentos de impresionarla fueron infructuosos, porque minutos después ella llegó en el Corvette convertible que vi estacionado frente a sus oficinas. Le había descubierto la capota y traía música a todo volumen; sin quitarse los lentes oscuros, apagó el estéreo y abrió la portezuela.

—Hola —me saludó.

—Qué lindo auto.

—Me lo regaló mi papá hace dos meses. En mi cumpleaños.

—Ah —me separé del mío; bajo esas circunstancias ya no tenía nada que presumir.

Entramos a la librería.

—¿Ya escuchaste la conferencia de Mariscal Adalid que te di?

—Sí. La verdad, me pareció un poco fingida. Eso de gritar como desesperado que todos somos unos triunfadores y la vida es nuestra pero tenemos que reclamarla… no sé…

Ella se ofendió un poco.

—Mariscal es mi coach personal. Papá lo contrató para que me diera consejos de superación. A mí me ha servido.

Lo siento. No quise ofenderte.

—No, te preocupes —caminamos por los pasillos; comencé a contemplar los estantes con interés—. Te gustan los libros ¿verdad?

Asentí.

—Mi abuelo es escritor. Y yo quiero imitarlo.

—¿Y qué lees?

Se quitó los lentes oscuros y volteó a verme. La luz del ventanal se reflejó en su rostro y el destello de sus ojos me dejó fulminado.

—Bécquer —recordé la leyenda—, Gustavo Adolfo… eres tan parecida a una mujer que él describe.

—¿De veras?

—Sí —me quedé extasiado como le sucedió al primogénito de Almenar cuando se encontró con la dueña de la fuente en el bosque. Sacudí la cabeza y carraspeé—, me gustan los clásicos. Cervantes, Lope de Vega, Juan Luis de Alarcón… Son los maestros por excelencia.

—No me digas que quieres escribir como ellos.

—¡Eso es imposible! ¡Nadie puede escribir como ellos! Sin embargo, pueden enseñarnos el ritmo, las estructuras, los matices; mi abuelo dice que para escribir hay que leer, leer mucho, imitar la métrica de los expertos. Hoy en día abunda gente que pretende publicar un libro, pero no es lectora. ¡Absurdo! Una persona que no lee, ¿sabes cómo escribe? ¡Como habla! Pero quien escribe bien, no escribe como habla, escribe como lee…

Lorenna apresuró un poco el paso entre los corredores. La seguí.

—Pareces muy versado en el tema —dijo como si le incomodara.

—Soy un aprendiz apasionado. Eso es todo. La novela que escribí… pensando en ti… La traigo en el auto, por si te interesa.

—¿Ya lograste publicarla?

—No. La envié a las casas editoriales del país y me la rechazaron.

—¿Todas?

—Sí… Pero traigo copias fotostáticas del original. ¿Lo leerás?

—No soy buena lectora (por eso tampoco escribo). Mejor platícame. ¿De qué trata?

Se recargó en un estante y giró para verme de frente. Tal como lo avisté en mi sueño, ella usaba zapatos de tacón. Sobrepasaba mi estatura más de diez centímetros. Me sentí desfavorecido. Tragué saliva.

—El libro trata de… de… —respiré y me di fuerzas—; es una novela autobiográfica; narra la forma en que te conocí… y… —me animé, no había nada de malo en decirlo; ella lo sabía—, y cómo me enamoré de ti. Es una historia de amor.

—Amor imposible. Supongo.

—Yo no creo en los imposibles.

—¿En qué crees?

—En los sueños que se hacen realidad.

—Mmh. Hay tiempos adecuados aún para los sueños. El que tratas de alcanzar, ya se te ha ido.

—¿Hablas en serio?

—Claro. Tú y yo tuvimos nuestro momento. Ahora nos hemos desfasado.

—¿Por qué Lorenna?

Agachó la vista unos minutos como dejándose llevar por recuerdos involuntarios. Detecté que sus párpados se habían cristalizado por el brillo de lágrimas contenidas. Volteó a otro lado para ponerse de nuevo las gafas oscuras. Me animé a tomarla del brazo y le quité los lentes.

—A ver, ponme al corriente; vamos paso a paso. Para empezar ¿por qué nunca me dijiste que tenías una prima tan parecida a ti?

Ella se recargó en una saliente estructural del edificio. Yo de pie me sentí más cómodo para charlar.

—Los padres, de Justine, viven en Europa —su voz sonaba confidente—; de niña yo los visitaba en los veranos. Pero mis tíos eran malos (sobre todo él). Me lastimaron mucho. También a mi prima. Justine se volvió rebelde y grosera. Para rescatarla del ambiente nocivo, mis papás la invitaron a vivir con nosotros por un tiempo. Ella llegó a nuestra casa. Papá quiso imponerle ciertas reglas, pero Justine todo lo tomaba a broma. Era extrovertida, liberal, necia; detestaba cualquier autoridad. Primero se enroló en ese grupo que llamaban el Club de la dicha, y después comenzó a drogarse y a traer jóvenes a la casa con los que mantenía relaciones sexuales. Mi papá la corrió. Ella se fue, pero se llevó a mi hermano Joaquín. Le presentó mujeres de su club. Así llegó la corrupción a mi hogar. Todo era muy confuso en ese tiempo, Carlos. Justo cuando tú me pretendías y me escribías cartas y me invitabas a salir… yo estaba fuera de mí. Decepcionada de la vida. ¡Enfurecida y vencida! ¡Irritada y derrotada! ¿Cómo querías que te hiciera caso?

—¿Y por qué no me lo dijiste? Yo te ofrecí mi amistad sin condiciones. Pudiste confiar en mí.

—Eras demasiado noble.

—¿Quieres decir que era un poco tonto?

—Sí —sonrió y se disculpó—. No te creas, estoy bromeando. La verdad, no podía confiar en nadie porque en pocos meses mi casa se volvió un manicomio. Papá quiso congraciarse con Justine para que hiciera regresar a su hijo. Y de pronto estábamos todos envueltos en reuniones raras, paradójicas: con mantras orientales y rock pesado. Con velas aromatizantes y hierba ilegal. Con mujeres voluptuosas caminando por la casa y mi madre enferma (empeorando cada día) en una habitación. ¡Tú no tienes idea cuan hondo estábamos cayendo!

Insistí con la misma idea, aunque lo dije de manera más melancólica.

—Yo hubiese hecho cualquier cosa por ayudarte.

—Eso crees, porque lo dices desde tu perspectiva actual. Pero en ese tiempo, éramos unos niños. No teníamos recursos para defendernos contra las estupideces de los adultos. En tu caso, cuando algo te salía mal, corrías a encerrarte para escribir. Ese era tu escape. Siempre lo fue… Y si no me equivoco, lo sigue siendo. Yo, no tenía más salida que llorar… Se me hinchaban los párpados y las venas de la cara se me reventaban. Me ponía tan roja e inflamada que dejaba de ir a la escuela para que nadie me viera así.

—Todos suponíamos que faltabas a clases porque estabas enferma.

—Lo estaba. Enferma de amargura. Desde entonces suelo usar blusas de manga larga…

—¿Por qué? No veo la relación.

Se desabotonó despacio el puño izquierdo y levantó la tela.

En mi ingenuidad no entendí lo que estaba mostrándome. Al anverso de la muñeca, justo sobre la vena azul que le sobresalía en la piel había dos cicatrices transversales.

28

El convertible

C.C.S. sábado 19 de marzo de 1983

Iba a sentarme al borde de la fuente, a buscar en sus ondas... cuando vi una cosa extraña... muy extraña: los ojos de una mujer. Tal vez sería un rayo de sol que serpenteó fugitivo entre su espuma; tal vez sería una de esas flores que flotan entre las algas de su seno y cuyos cálices parecen esmeraldas...; no sé; yo creí ver una mirada que se clavó en la mía, una mirada que encendió en mi pecho un deseo absurdo, irrealizable: el de encontrar una persona con unos ojos como aquellos.

Gustavo Adolfo Bécquer

—¿*Les puedo ayudar en algo?* —*Preguntó un trabajador de la librería*—. ¿*Qué libro buscan?*
—*A... este...* —*respondí*—. *Rimas y Leyendas, de Bécquer.*
—*Síganme. Se encuentra en otra sección.*
Fuimos detrás del muchacho sin hablar. El movimiento nos ayudó a apaciguar un poco los ánimos.
—*Aquí está. ¿Algo más?*
—*No.*
—*Pueden pasar a la caja.*
¡El tipo nos estaba corriendo!
—*Vámonos de aquí* —*le sugerí a Lorenna dejando el volumen en el camino*—. *En realidad ya tengo este libro (repetido como cuatro veces). Te invito un helado.*

Salimos del local. Para llegar a la heladería, era necesario cruzar la avenida de seis carriles y el camellón divisorio. Había muchos más autos que años atrás. Ella volvió a ponerse los lentes oscuros.

—Disculpa, pero ya no me gustan las nieves de La michoacana.

—Lo importante no es la marca de la nieve —me aferré al pasado—, sino lo que significa.

—En vez de comer uno de esos helados horrendos ¿no quieres dar una vuelta en mi auto? —dudé, no me gustaba salirme de los planes—. Vamos —insistió—. Te va a encantar la sensación del aire sobre tu cabeza.

Pensé "para sentir aire prefiero pararme frente a un ventilador", pero la idea de ir solo con ella en un auto, sin rumbo fijo, me resultó excitante.

Acepté.

Los asientos del Corvette eran bajos y el capote alto, de modo que resultaba difícil vislumbrar el camino cercano.

—Agárrate fuerte.

Aceleró. Tomó la vía rápida rumbo al norte. Busqué el cinturón de seguridad con nerviosismo y me lo abroché. Ella no se lo puso. El aire arremetió por los costados.

Abrió la cajuela de guantes. Muchos casetes se desbordaron sobre mis piernas; algunas cajitas plásticas tenían la cinta magnética enredada.

—Yo te ayudo —le dije—, concéntrate en el camino.

—Dame ese. El de Ivonne Elliman.

Se lo pasé y ella lo insertó. Cantó a todo volumen If I can´t have you.

Abandonó el periférico y entró a la carretera hacia el Lago de Guadalupe. Se detuvo en el acotamiento.

—¿Quieres manejar? ¡Siente el motor!

—No sabía que te gustara la velocidad.

—Hay muchas cosas que no sabes de mí.

Abrí la portezuela y rodeé el auto. Ella se pasó al lugar del copiloto quitándose los lentes de sol.

Conduje despacio, con cierta timidez. La palanca de velocidades tenía ramales cortos y el pedal de embrague era muy alto. Tomaba tiempo acostumbrarse.

—Acelera.

—Ya voy. No me presiones.

—Los papeles se han invertido ¿viste? Tú siempre eras el que presionabas.

—Depende del tópico. Soy romántico, no suicida.

Quise detener el vocablo como cuando arrojas una piedra y en el último segundo te arrepientes. Ya era tarde. La frase voló por los aires con trayectoria errática. Ella recibió el golpe.

Se apretó la muñeca con cicatrices.

—Da vuelta en u, por favor. Regresemos.

—Perdona. No quise ofenderte.

—Me arrepiento de haberte contado mis problemas.

—Hablé sin pensar. Todavía es temprano. Conozco muy bien esta carretera. Aquí entreno con mi bicicleta. Déjame llevarte a un sitio hermoso frente al Lago de Guadalupe. Llegaremos en diez minutos. Por favor.

No respondió. Encendí la música en un volumen bajo. Durante largo rato permanecimos callados. La cinta se terminó, el estéreo hizo el cambio de lado automáticamente.

Ella volvió a entablar la conversación.

—¿Cómo me encontraste de nuevo?

—A través de Mario Ambrosio. Me dio los datos de Justine y fui a buscarla al Café artístico, donde canta. Yo creí que Justine eras tú. Siempre lo creí...

—Eso es casi un insulto.

—Lo sé... Cuando fui a verla antes de salir a escena, la saludé diciéndole "hola Sheccid", y ella se enfadó. Me dijo que no era Sheccid. Que a su prima Lorenna era a quien por un tiempo le llamaron así. Luego, para comprobarme que tú y ella eran dos personas diferentes me tomó una mano y la puso en el pecho;

dijo "siente mis senos, son más suaves que los de Lorenna, ella los tiene pequeños y yo grandes".

—¿Eso hizo la infeliz? ¿Eso te dijo? ¿Y tú la tocaste? ¿Desvergonzado? ¿Pervertido?

—Fue sólo unos segundos. Me tomó por sorpresa...

Echó un vistazo a su blusa y se irguió un poco como queriendo demostrar que contenía volumen.

—Odio a Justine.

Llegamos al Lago de Guadalupe. Me estacioné en un terreno solitario frente al espejo de agua. Apagué el motor y me volví a ella con seriedad.

—Deberías reconciliarte con tu prima.

—Imposible. Por culpa de ella mi familia se deshizo, mamá murió, papá y mi hermano se volvieron amantes de mujeres siniestras, nuestra maestra Jennifer fue detenida por la policía y acabó siendo expulsada de la escuela... ¡Todo eso lo ocasionó Justine!

—¿Por qué? ¡Sigo sin entender!

Lorenna abrió la puerta y caminó hasta el borde del lago. Aunque una plaga de lirios le había robado pulcritud al paisaje, el agua todavía mantenía un brillo cristalino.

—¿Permiten nadar aquí?

—¿Quién lo prohibiría?

—Me encanta nadar. Mi padre tiene una casa preciosa en una playa paradisiaca. ¡Cómo extraño ir ahí!

Se descalzó y comenzó a avanzar. Creí que iba quitarse la ropa.

29
El lago

Lorenna se despojó del suéter, botó los zapatos y se arremangó el pantalón con intenciones de mojarse los pies en el lago.

—Ojalá que algún día puedas conocer mi casa de playa —suspiró—. La arena es blanca y el mar clarísimo.

—Si me invitas, iré. Por lo pronto disfruta este paisaje. También es hermoso.

—Sí.

Se adentró en el lago hasta que el agua le llegó a las rodillas.

Permaneció quieta, mirando al horizonte unos minutos.

José Carlos revivió en su mente la descripción que hizo Bécquer de la mujer de los ojos fulgurantes.

Ella era hermosa, hermosa y pálida como una estatua de alabastro. Y uno de sus rizos caía sobre sus hombros, deslizándose entre los pliegues del velo como un rayo de sol que atraviesa las nubes, y en el cerco de sus pestañas rubias brillaban sus pupilas como dos esmeraldas sujetas en una joya de oro.

También se descalzó. Dio unos pasos; llegó junto a ella

—Sheccid...

—Dime...

—¿Te puedo decir así otra vez?

—No se lo permitiría a nadie más.

—Hace cinco años, la noche de aquella fiesta, cuando te confundí con Justine. ¿Tú donde estabas?

—Había ido a buscarte.

—¿Cómo?

—Eras mi defensor. Mi protector. Llegué a tu casa, desesperada. Tu padre estaba en el garaje, sacando unas cosas de su auto. Le pregunté por ti. Me dijo que habías ido a una fiesta. Me desilusioné.

—¡Jamás me enteré de que me buscaste!

—Yo tampoco me imaginé que nos habíamos cruzado en el camino. Entonces fui con la maestra Jennifer. Su casa estaba lejos. Llegué agotada. Consternada. Ella me dio refugio esa noche. Le conté sobre el caos de mi familia. Me desahogué. Ella me ayudó a entender que la gente sólo toma decisiones verdaderas de cambio positivo cuando entiende que sus actos tienen consecuencias y las sufren. Así que acepté lo que me propuso. ¡Llamar a la policía! Marcamos el teléfono de emergencias. Yo no pude hablar. Jennifer me ayudó. Ella reportó mi domicilio y todo lo que estaba sucediendo dentro. La policía hizo una redada. Detuvieron a todos. Pero mi madre estaba presente; consciente. Se nos olvidó ese pequeño detalle. Pocos días después, falleció. No soportó el estrés que le causamos. Cuando papá se enteró que la maestra Jennifer fue quien habló con la policía; se puso como loco. La culpó de la muerte de mi madre; levantó cargos contra la maestra y contra la escuela. Las autoridades castigaron a Jennifer. Yo tuve que huir. Ese barullo duró como dos semanas. En las que dejaste de buscarme. Por eso he mostrado poco interés en leer tu libro. Creo que me cambiaste por él. Te volviste amante de unas hojas y unas letras y olvidaste a la mujer de carne y hueso que tanto te necesitaba. ¡Días antes estuviste dispuesto a defenderme de todo un ejército en las calles y de pronto me dejaste sola! Igual que mi padre y mi hermano.

José Carlos percibió en sus pensamientos la lóbrega tormenta que había soñado. Había relámpagos, truenos, chiflones despiadados dentro de él.

—Sheccid. Perdóname. Yo estaba deprimido... tratando de asimilar las cosas... Para mí, tú eras una mujer inestable, stripper, drogadicta...

—¿Y por qué no investigaste?

Caminaron de vuelta hacia la orilla.

Ella caminó por delante y él no pudo evitar mirar sus pantorrillas empapadas. Se le antojó secarlas.

—Lo hice a través de Ariadne... Ella estuvo conmigo en la fiesta y también te confundió con tu prima.

—Sí, la pecosa me dio la espalda igual que tú, sin indagar, sin preguntar. Hace mucho que no la veo ¿y tú?

—Yo sí la he visto. Hemos hablado de ti.

—¿Qué dice?

—Tienen que reunirse como amigas y despejar sus dudas... ella cree que tú eres emocionalmente inestable. Ya sabes. Ha escuchado demasiados rumores...

—Lo entiendo. Ocurrieron muchas eventualidades negativas.

—¡Sí!—Desde días atrás estaba lidiando con un conflicto existencial. Siempre rechazó la idea de que fuerzas sobrenaturales marcaran los derroteros humanos. ¿Pero cómo explicar esas múltiples y milimétricas coincidencias necesarias para que a alguien le suceda un accidente, o fallezca, o quede paralítico, o resulte ileso? Cuantas combinaciones exactas imposibles de armar por los seres humanos, (pero posibles para un Poder Superior) tuvieron que suceder en aras de que él y su princesa se separaran... Analizando el sinsentido, volvía a su mente la misma conclusión pragmática que había escrito en su C.C.S.: gracias a esa lejanía, él era más fuerte, maduro, reflexivo... Había conseguido logros y había sentado los cimientos para un oficio que (tal vez) a la larga le daría satisfacciones... Y ella, quizá, después de vivir su propio proceso de crecimiento en la desdicha, sería una mujer más completa... Lógico. ¡Pero la ganancia parecía insustancial ante el sacrificio consumado! Con gusto (al menos él), cambiaría la madurez adquirida en soledad, por cinco años de amor en pareja.

Ella se sentó sobre la hierba y se abrazó a sí misma.

—Ha comenzado a hacer frío. El agua estaba helada.

Él se quitó su suéter y poniéndose de rodillas, con extrema delicadeza, le secó los pies, los tobillos y la parte inferior de sus piernas. La tela que usaba no era la más adecuada para secar, pero resultaba perfecta para acariciar.

Ella lo tomó de las manos y le dijo:

—Gracias. Ya no tengo frío...

—Tu piel aún está húmeda. Espera.

Se agachó para frotarle las pantorrillas y besarla en el empeine.

—No hagas eso. Me avergüenzas.

Se quedó quieto y la miró de frente. Ella asintió de manera casi imperceptible como invitándolo a acercarse.

Aunque quiso obedecer despacio, resultó torpe, precipitado. Se tropezó con sus propios brazos.

—¿Qué te sucede? —rio

—Tengo miedo de que te vayas.

—Estoy aquí. Déjame tocarte la cara; ¿sabes que siempre me gustó tu barbilla?

La chica pasó muy despacio las yemas sobre el rostro de él; José Carlos se petrificó. No podía creer lo que estaba sucediendo.

Ella se acercó despacio, pero de manera lateral. Sólo para unir sus mejillas. Giró y quiso consumar el beso, pero ella lo impidió.

—No.

—¿Por qué?

—Es mejor así. Quédate quieto. Sólo siente el roce de mi mejilla en la tuya.

La chica repitió muy despacio el mismo juego. Se puso de frente a él y acercó su rostro hasta hacerlo sentir el viento cálido de su respiración.

Las sensaciones fluyeron con tremenda rapidez, abarcando primero el espectro del más tierno romanticismo y llegando de improviso a los preámbulos de un cuerpo enardecido.

—¿Qué haces? —le preguntó—, ¿es un beso de cavernícolas? ¿Sólo con la cara y las narices?

—No… —susurró ella—, es un ejemplo de lo que es, ha sido y será nuestra relación.

—¿Cómo?

—El juego que mejor jugamos. Ser pareja sin serlo…

Mentira. "Ella es mi pareja", pensó. "Es mía. Y lo que obra en pertenencia no necesita robarse".

—¿Te gusta el lago? —le preguntó.

—He visto mejores.

—¿Tú me amas?

—¿Qué crees?

—No lo sé —insistió—. Jamás me lo has dicho.

—Velo en mis ojos.

La observó. Notó que su mirada era turbia, confusa, inextricable. Había algo ajeno en ella, algo que la hacía distante y magnética a la vez… como si se complaciera de verlo rendido a sus pies, pero estuviese indispuesta a dejarse dominar.

—¿Por qué a veces percibo en tus ojos que me ocultas secretos?

—Porque es verdad.

—¿Y por qué a veces pienso que tu amor me hará daño?

—Por lo mismo.

Quedó inmóvil. Se equivocó en el cálculo. Pensó "Ella no es mía…Y tal vez nunca lo será".

Los pájaros del lago los rodeaban.

En la leyenda de Bécquer, Fernando de Argensola, junto a la fuente de los Álamos, conversando con la mujer emergida del agua cristalina, tuvo una sospecha similar.

—Háblame —exclamó Fernando—; yo quiero saber si me amas; yo quiero saber si puedo amarte, si eres una mujer...

—Fernando —dijo la hermosa entonces con una voz semejante a una música—, yo te amo más... ...No soy una mujer como las que existen en la Tierra; soy una mujer digna de ti, que eres superior a los demás hombres. Yo vivo en el fondo de estas aguas, incorpórea como ellas, fugaz y transparente: hablo con sus rumores y ondulo con sus pliegues. Yo no castigo al que osa turbar la fuente donde moro, antes lo premio con mi amor, como a un mortal superior a las supersticiones del vulgo, como a un amante capaz de comprender mi caso extraño y misterioso...

Se pusieron de pie y caminaron al auto. Él insistió en manejar de regreso. Le abrió la puerta. En cuanto entró al coche, se inclinó para darle un beso en los labios; esta vez estaba decidido. Ella lo recibió con un rebote rápido de bocas cerradas.

—¿Qué tienes? ¿Te enojaste?

—No, pero debes enterarte de algo que no te he dicho.

—Te escucho.

—Tengo novio...

—¿Cómo?

—Yo estudio en Estados Unidos... Vine sólo por un tiempo.

—¿Y?

—¿Y, qué?

—¿Es una relación formal?

—Más o menos

—¿Es gringo?

—Sí.

—¿Te acuestas con él?

—¡Qué te importa! ¡Majadero!

—No has querido darme un beso en la boca, pero permitiste que te llenara de caricias.

—Sólo nos abrazamos, como lo que somos. Una pareja sin serlo. Tú malinterpretas las cosas.

Miró hacia el lago… ¿Y si ella tenía razón? ¿Si él había comprendido mal su mensaje?

—Dime que puedo hacer para que me quieras.

—Ya te dije que tengo novio.

—¿Él está en México?

—No.

—¿Y tú, a qué viniste?

—Ya lo sabes. Dentro de una semana dará inicio el congreso con Mariscal Adalid. Entre los temas que se expondrán, está el de cómo tomar decisiones a largo plazo. Y ya tomé las mías.

—Yo no estoy en ellas ¿verdad?

—José Carlos, no tienes una idea de cuánto lloré por ti. ¡Hace años! Me quedé sin lágrimas. Literal. Andaba por la vida como autómata. Sólo pensando en el día en que volvería a verte… muchas veces te soñé llegando a mí de nuevo. Lo deseaba. Tú siempre te abriste paso ante cualquier obstáculo. Ahora es tarde. Las heridas ya han cicatrizado.

—¿Y cómo rayos querías que te encontrara? Tu familia se mudó y no dejó ningún rastro. Jamás me enviaste un mensaje de auxilio. Tuve que matarte ¿sabes? Te velé, te enterré y estuve de luto por años…

—Yo también te maté. Por eso es tan difícil revivir nuestra relación.

—Intentémoslo… —Volvió a acercarse a ella y se inclinó despacio—. No te despidas hoy sin darme un beso de verdad. Tenemos poco que perder y mucho que ganar.

Ella movió la cabeza.

—Déjame —ronroneó como gatita en celo—. Tengo novio.

—Pues llámalo por teléfono esta noche y termínalo.

—Espera —lo separó con la mano—. El congreso dura cinco días, luego me quedan dos semanas más aquí y voy a volver a los Estados Unidos. Allá quiero vivir.

—Pues cambia de planes… o invítame a vivir contigo a donde irás.

—¿Hablas inglés? ¿Tienes licencia para trabajar allá?

—No.

—¿Lo ves? Tú eres de aquí. Hace rato me dijiste que te enorgullecías de no haber salido de Tlalnepantla.

—No puedo creer lo que acabas de decir —se molestó de verdad—. Olvidé que eres de la realeza. ¡Por eso no te gustan los helados de *La michoacana* ni el Lago de Guadalupe; prefieres los *Häagen-Dazs* y los paisajes de Yosemite!

—La verdad, sí.

—¡Como me caes mal a veces!

—¿Nos vamos?

Subieron al auto; él manejó en silencio. En varias ocasiones la visión se le nubló y perdió la claridad del camino.

Ella se volvió hacia él con repentino interés y le dijo.

—Te invito al congreso —abrió la cajuelita de guantes y sacó un folleto—, es caro, pero vale la pena. Te va a gustar.

Miró de reojo la información. Su vista localizó de inmediato el costo.

—¿Aceptan más voluntarios? —preguntó—, ¿como los que te ayudan en la oficina trabajando en diversas cosas?

—¿Edecanes? Ah, ya veo. No tienes dinero.

—Claro que tengo, pero odio sentarme por horas sin hacer nada. Soy muy inquieto. Podría ayudar escribiendo.

Sí. Eso. Puedo redactar los textos de presentación, escribir los resúmenes de las charlas…

—Bueno, ve a ver a mi papá. Él entrevista a los voluntarios. Y acelera, hombre. ¡A este paso de tortuga llegaremos mañana!

30
Extorsión

C.C.S. martes 22 de marzo de 1983

Todavía no me repongo de la terrible impresión. Jamás creí que podía sucedernos algo así. Toda mi familia está asustada. Mis hermanos no quieren salir a la calle y papá ha comprado cadenas reforzadas para asegurar los portones de la casa.

Ayer unos tipos irrumpieron en nuestro garaje.

—¡Rápido! ¡Ven! ¡Pronto! —era la voz de Pilar—. Se metieron a la casa

El despertador no había sonado todavía, pero me levanté de un salto al identificar que Pilar estaba en realidad aterrada. Salí corriendo. En pijama. Descalzo.

Mis hermanos se apretujaban, aterrados, en la puerta de la cocina tratando de escuchar el zafarrancho que acontecía en el garaje. Mamá, temblando, con el teléfono en la mano, hojeaba de un lado a otro el directorio.

—Dios mío —susurraba—, ayúdame. ¿Donde apunté el número de la policía?

—¿Qué pasa? —pregunté.

—Hay unos hombres afuera, discutiendo con tu papá.

—¡Son ladrones! —dijo Liliana—. Traen pistola.

Avancé hacia la puerta.

—No salgas —me ordenó mamá—. Te buscan a ti.

Una losa aplastante cayó sobre mi entendimiento.

Tarde o temprano tenía que suceder.

Las últimas semanas, al no tener noticias del Cacarizo, realicé esfuerzos conscientes por olvidar mi deuda con él, esperanzado en que el rufián también hiciera lo mismo. Pero ahora, de súbito, tanto uno como el otro recordamos que no habíamos saldado cuentas.

—¡Aquí está el número! —dijo mamá dando un manotazo a la libreta—, voy a llamar a una patrulla.

Hizo girar el dial varias veces; se equivocó al marcar y volvió a hacerlo.

Me asomé al patio. Había cuatro hombres. Dos de ellos tenían desenfundada un arma. El coche de mi papá estaba andando. De seguro, mientras él mantuvo la puerta del garaje abierta con intenciones de sacar el auto, los ladrones aprovecharon para entrar.

(Ese momento de vulnerabilidad se repite cada mañana en todas las casas: los portones abiertos de par en par, alguien conduciendo de reversa, muy despacio, con la vista fija en el espejo retrovisor, dejando los accesos peatonales francos y la casa inerme ante la irrupción de maleantes).

Escuché al Cacarizo decir en tono falsamente amable:

—No se ponga en ese plan, señor. Usted no puede acusarme de chantaje como dice que lo hará, mientras yo tenga estos papeles firmados por su hijo.

Salí.

Jamás me perdonaría que le ocurriera algo a papá por culpa mía.

—¡Ah! José Carlos. Aquí estás. Qué bueno que llegaste. Explícale a tu padre nuestros convenios. Él está muy enojado. No quiere entender la deuda que tienes con nosotros.

Aunque me sentía nervioso, no estaba dispuesto a dejarme apabullar en menoscabo de mi familia.

—Tú me golpeaste —lo encaré—. Casi me matas. Me obligaste a firmar pagarés en blanco.

—¿De dónde sacaste eso? ¡Di la verdad! Fuiste distribuidor de nuestro material. Te llevaste productos exclusivos y firmaste unas garantías. Eso es todo. Hablemos como gente educada. Aquí nadie miente. Yo sólo le estoy diciendo a tu padre que ya se te acabó el plazo. O nos regresas las revistas y los productos estimulantes que te llevaste o nos pagas. Punto.

—Yo no tengo revistas, ni drogas. Jamás he vendido productos de ustedes.

—Ay, amigo. ¿Cuándo entenderás? Nuestro negocio es algo serio y nadie puede tratar de vernos la cara. Todo está legalmente documentado.

—¿Legalmente? Yo nunca...

—Hoy se vence este pagaré... —se lo dio a mi papá—, aquí le dejo una copia. También le dejo una copia del apercibimiento legal que nuestro abogado de cobranzas nos hizo favor de presentar ante el juzgado. Vendremos en la noche por el dinero. Si usted no está, déjenoslo con su esposa o sus hijas. Nos encantará platicar con ellas.

—Malditos. Lárguense de aquí. Y no se atrevan...

En un movimiento felino, el Cacarizo sujetó a mi padre por los brazos y le torció el cuello, dejándolo inmóvil. Quise intervenir, pero los guardaespaldas también me sujetaron.

—Para evitarnos problemas —susurró el Cacarizo al oído de papá—, iré a tu negocio por la tarde. La escuelita comercial. Ahí me darás el dinero. Si eres inteligente, no habrá ninguna consecuencia mayor.

Lo soltó. Papá tosió recuperando el aliento. El Cacarizo se sacudió la chaqueta, dio la vuelta seguido de sus esbirros, salió a la calle y se fue en una camioneta Suburban.

Casi de inmediato, salieron al patio mis hermanos y mi madre. En el rostro de todos se dibujaba un intenso temor.

Me acerqué a mi padre y le quité despacio la hoja que tenía en la mano. Era la copia del primer pagaré. Le habían puesto una cantidad alta, pero asequible. El equivalente a lo que costaba un auto como el nuestro.

—Hicieron tres documentos iguales.

—Tú confías en mí, ¿verdad? Sabes que yo nunca he vendido pornografía o droga.

—Sí. Lo sé.

La patrulla que esperábamos jamás llegó. Hubiera sido más rápido pedir una pizza.

Mamá comentó:

—No podemos dejarnos extorsionar. Denunciémoslos.

Papá desaprobó con la cabeza. La idea no había sido viable antes y seguía sin serlo. No había testigos de extorsión o de que me hubieran golpeado para obligarme a firmar. Los extorsionadores estaban acompañando sus pagarés con un apercibimiento legal. Habían pensado en todo.

—A ver —mamá pidió los papeles; en cuanto leyó las cifras se recargó en el auto que aún estaba en marcha—, ¿cuándo tenemos que pagar esto?

—Piden tres cantidades iguales. La primera hoy; y las otras, una cada mes siguiente.

—Tendremos que vender los autos…

—Tal vez, pero no todavía —papá había tomado las riendas del problema—. Nuestro negocio ha comenzado a dar utilidades. Tenemos algo ahorrado.

Mamá objetó.

—Pero las tarjetas de crédito, las otras deudas, nuestros planes de acondicionar las instalaciones de la escuelita.

—Todo se pospondrá por un tiempo. Sobreviviremos.

Sólo pude comentar:

—Lo siento tanto.

—Tranquilo. Tus problemas son de todos. Por eso el logotipo de la familia y de nuestro negocio es un hexágono. Estamos los seis, unidos.

31

Competencia ciclista

C.C.S. domingo 27 de marzo de 1983

Esta semana ha estado llena de sacudidas y emociones.

El lunes, papá tuvo que darles el primero de tres pagos a los extorsionadores (nos quedamos sin dinero, casi en quiebra; sólo con nuestro potencial de trabajo). Los sujetos le devolvieron el documento original con mi firma y le dijeron que dentro de un mes regresarían para efectuar el segundo cobro.

Hoy culminaron las eliminatorias ciclistas para representar al país en los Juegos Olímpicos Universitarios.

Desde el día en que el entrenador me dio el empuje emocional que me hacía falta, (para desgracia inmediata de su hija) me propuse honrar a como diera lugar los malestares que padeció por mi culpa. Decidí que si había pasado tantas penurias (y mis padres y su pequeña y yo mismo) no podía darme por vencido sin intentarlo todo.

Hice las mejores marcas de mi historia en la velocidad pura y cuando terminé mi participación en el kilómetro contra reloj, durante un par de (eternos) segundos, hubo silencio en la pista; el cronómetro digital se detuvo en lo que parecía ser un nuevo record. ¿Los números eran correctos? El locutor anunció los tiempos por micrófono. El jurado los avaló.

Mis padres y hermanos brincaron de alegría. Los vi abrazarse en las tribunas sin dejar de saltar. Sólo entonces se escucharon los aplausos. Fue un momento de efervescencia. Solté el manubrio y pedaleé complacido, levantando la cara al cielo.

Estuve dando vueltas al velódromo.

El evento había terminado.

151

Cuando bajé de la bicicleta me topé con el contrincante a quien quité el puesto. Estaba furioso. Lloraba de rabia. No quiso darme la mano.

Pensé que el juego deportivo es un pequeño fragmento de la vida misma. Para merecer lo que deseamos, es necesario planear, prepararse, esforzarse, practicar en privado, incluso yendo en contra de las opiniones ajenas que nos dicen una y otra vez: "pierdes el tiempo", "deja de soñar", "jamás lo conseguirás", "eso no es para ti". Y cuando al fin logramos la meta, los negativos terminan felicitándonos con un "siempre supe que lo lograrías" y los perdedores desplazados nos dan la espalda con resentimiento.

En el césped, al centro del óvalo, Julio, el entrenador mandó poner mesas y sillas. Invitó a periodistas, dio un mensaje de felicitación a los atletas ganadores y organizó una comida de festejo.

Estábamos terminando de comer, cuando llegó la esposa de Julio con su pequeña, ambas acompañadas de un hombre joven vestido con cuello clerical.

—Hola, José Carlos. Te presento al padre Antonio. Es amigo de la familia.

Lo saludé de mano, pero de inmediato me puse en cuclillas para hablar con la pequeña. No la había visto desde el día que la atropellé.

Me miró recelosa. Le dije que me alegraba verla bien. Traté de explicarle cómo ocurrió el accidente, decirle que nunca fue mi intención lastimarla, pero mi discurso no la convenció. Se refugió detrás de las faldas de su madre.

Fui hasta una mesa sola y me senté en la silla dándole la espalda a la celebración.

Minutos después sentí la presencia de alguien a mi lado. Volteé. Era el joven sacerdote que había visto la escena con la hija de Julio.

—¿Puedo sentarme?

—Sí, claro. Gracias, padre.

—¿Qué tienes? ¿Por qué estás triste?

—Me siento enojado con Dios.

—¿Por qué dices eso?

—Por las casualidades inexplicables; yo atropellé a la hija de mi entrenador, en una increíble coincidencia de tiempos y espacios... Si ella hubiese entrado a la pista un segundo antes o después o su trayectoria hubiera sido un metro más a la izquierda o a la derecha, nada hubiera pasado...

—¿Y crees que Dios tiene la culpa?

—Él podía haberlo evitado. ¿O no?

Permaneció en silencio.

—¿Lo ve? —Respaldado por la razón, me atreví a decir más—. Hay una chica a la que yo quiero mucho. Se llama Lorenna. Hace años, ella se sintió traicionada, yo la confundí con otra persona, y acabamos alejándonos para siempre; ¡fueron muchas coincidencias!; Dios nos negó la oportunidad de hacer crecer nuestra relación. Ahora volvimos a encontrarnos pero es demasiado tarde.

El sacerdote me miró con ojos bondadosos. Sonrió, pero no se sorprendió. Parecía acostumbrado a que la gente le disparara intimidades a quemarropa.

—¿Puedo decirte lo que pienso?

—Hágalo. Por favor.

—Supe lo que pasó con la hija de Julio. Un accidente. Punto. Según las escrituras, Dios no propicia el sufrimiento, porque Él es fuente de amor y beneficios; somos nosotros mismos quienes generamos desgracias; por otro lado, tienes razón al pensar que el Todopoderoso es capaz de protegernos (lo hace constantemente), y a veces permite que enfrentemos adversidades o vivamos con espinas en la piel, pero lo hace por un propósito: para que cambiemos nuestras intenciones.

La frase del "para que" sonó demasiado rotunda.

—Explíqueme eso último —supliqué.

—Tú estuviste a punto de ser eliminado del equipo nacional. Me lo platicó Julio. Sufriste una derrota. Supiste lo que es perder, llorar y enfurecerte porque las cosas salían mal. No tenías un problema de capacidad física, sino de intenciones. Querías ganar

153

un puesto sin la intención de pagar el precio; entrenando mal y poco. La adversidad te corrigió.

—¿Y de qué forma quería Dios que yo corrigiera mis intenciones cuando atropellé a la hija de mi entrenador?

—No sé… Tú dime… ¿no eres ahora más consciente del daño que puedes causar? ¿No tienes ahora la intención de cuidar más tus movimientos y actos?

—Puede ser.

—Vayamos más a fondo —se levantó y llamó con la mano al entrenador—, Julio, ven.

Munguía llegó, sonriente, con un vaso de refresco en la mano.

—Siéntate un minuto. Por favor. Dile a José Carlos, cómo ven la vida tú y tu esposa después del accidente de tu hija. ¿Hubo algunas intenciones que corrigieron?

—Por supuesto —no tuvo que pensar la respuesta—, yo era un papá muy distante, ahora le dedico mucho mayor tiempo y amor a mi pequeña. Mi esposa se ha hecho más espiritual (por eso está usted aquí, padre). Ella considera que se nos dio otra oportunidad para ser mejores personas. La niña se ha hecho consciente de su vulnerabilidad y ha aprendido a cuidarse más.

—¿Lo ves? —acotó el sacerdote—, todos siguen siendo igual de virtuosos, pero sus intenciones han cambiado.

—¿Así que a una persona "virtuosa" con "intenciones equivocadas", todo le sale mal?

—Sí. La virtud es aquello para lo que fuimos hechos. Una navaja , por ejemplo fue hecha ¿para?

—Cortar.

—Exacto. Es virtuosa si tiene filo y corta bien. (Aclaro: todas las cosas tienen virtudes, pero sólo las personas tenemos intenciones). A la "navaja virtuosa" hay que sumarle las intenciones de la persona que la tome en sus manos. Con esa fuerza motriz la "navaja virtuosa" se puede volver un arma letal o un gran instrumento de trabajo. ¡Dios nos dio las virtudes, pero nosotros, debemos activarlas correctamente con buenas intenciones!, a veces necesitamos cierto grado de dolor para eso...

—Sin embargo —objeté hablándole con voz tímida a mi entrenador—, tu hija sigue furiosa conmigo.

Julio entendió que esa charla se debía a la pesadísima carga que todavía llevaba sobre mis hombros.

—Espera —se levantó—. Ahora vengo.

Durante unos minutos, el sacerdote y yo quedamos en silencio. Después, él retomó el tema.

—Respecto a la joven de la que estás enamorado, tal vez el tiempo que pasaste separado de ella te ha servido para corregir una intención equivocada.

—¿Cual?

—La de esconderte.

—¿Cómo?

—Quizá fuiste pasivo. Te conformaste con perderla. Si acabas de reencontrarla, corrige tus intenciones. Deja de esperar que las cosas sucedan solas. Conquístala. El hombre verdadero sabe luchar por la mujer que quiere. No hay razón para quedarse a medias en el camino. A una mujer le gusta ser mirada de frente, con respeto, pero con decisión. Le gusta darse cuenta que el hombre la valora y está dispuesto a cautivarla con detalles. Tal vez debes aprender la misma lección que aprendiste en el deporte. Las intenciones de perseverancia generan éxito.

—Pero ella me dijo que tiene novio.

—¿Está casada?

—No.

—Entonces, no hay nada definido. Hace unos meses tú no eras seleccionado deportivo. Ahora le quitaste el puesto a otro competidor.

Observé al sacerdote con la boca abierta. Podía haber pensado que me daría cualquier consejo ¡menos ese! ¡Qué sujeto más extraordinario!

Alguien tocó mi hombro con timidez.

Volteé. Era la hija de mi entrenador. Traía una flor que cortó de la jardinera del velódromo.

—Es para ti —me dijo.

Me incorporé y la abracé muy fuerte.

—¡Perdóname! Te juro que…

—No llores —me consoló—. Ya sé que la culpa no fue tuya.

32

Becado

Llegó a las oficinas de Lorenna y se mantuvo parado en la puerta, sin atreverse a tocar. En el garaje estaba, recién lavado y con un brillo impecable, su Corvette convertible. Esa mañana había escrito varios párrafos en la primera hoja suelta que encontró. Los releyó para darse valor.

Lorenna: sé que no podré impresionarte con regalos materiales, ni con viajes, ni con autos, porque tú tienes más cosas, más mundo y más coches. Pero, pienso impresionarte tratándote como a una reina; cuidándote, protegiéndote, respetándote, amándote. Lo que yo quiero darte vale más que el dinero.

▶ *Tú eres muy bonita. Yo no.* **¡Pero puedo conquistarte** *porque la belleza del alma prevalece sobre la física!*

▶ *Tú eres alta. Yo no.* **Pero puedo conquistarte** *porque soy grande a través de mi carácter y caballerosidad (ha habido muchos famosos más o menos de mi estatura: Bonaparte, Simón Bolívar, Dustin Hoffman, Al Pacino, Chespirito, Michael J. Fox, Mahatma Gandhi…)*

▶ *Tú eres rica… tienes un padre millonario. Yo no.* **¡Pero puedo conquistarte** *porque la riqueza del ser humano no está en sus cuentas bancarias sino en sus virtudes e intenciones!*

▶ *Tú hablas inglés. Yo no.* **¡Pero puedo conquistarte** *porque todos tenemos diferentes habilidades; yo hago cosas que tú no, y las que haces, si son importantes para ti, las puedo aprender!*

Repasó varias veces la hoja para convencerse de su veracidad. Después tocó el timbre de la casa.

Una voz femenina le contestó por el intercomunicador.

—¿Sí?

—Busco al señor Deghemteri.

—¿Quién eres?

—Un amigo de su hija.

La puerta se abrió con el chasquido de la contrachapa eléctrica. Llegó hasta el recibidor, donde se encontraba una mujer de cintura prominente.

—Buenas tardes —mostró el folleto a color—. Tengo dudas sobre el evento.

—¿Tu número de registro, es?

—Todavía no me inscribo.

La mujer hizo un gesto de extrañeza.

—¿Entonces cómo llegaste aquí? En esta oficina sólo atendemos a los jóvenes registrados.

—Lorenna me dijo que se necesitan personas para ayudar con la escritura de materiales y resúmenes. Por eso vine a hablar con su papá.

La mujer rotó el torso para penuria de su silla que se quejó con un rechinido. Descolgó el intercomunicador y después de emitir frases que parecían en clave, le dijo a José Carlos que esperara en la sala.

—El señor Deghemteri te recibirá en unos minutos.

—Gracias.

Las cajas con materiales y gafetes estaban acomodadas a la perfección. Los rótulos con letrero de "Bienvenidos", ya terminados, habían sido descolgados y doblados. En el suelo de mármol todavía se veía el rastro de una mancha de pintura verde.

Volvió a sacar su escrito y lo releyó.

Casi todos los hombres buscan conquistar a las mujeres que consideran débiles, a las que pueden dominar y enseñarles cosas. Yo no creo en esa fórmula machista. Considero que la mujer debe ser superior a su pareja en ciertas áreas y que juntos pueden lograr un equilibrio de aportaciones…

¡Cuántas mujeres maravillosas, capaces de convertirse en parejas extraordinarias, se quedan esperando a un hombre verdadero capaz de partirse la cara por alcanzarlas y merecerlas!

¡Cuántos hombres, por otro lado, jactanciosos de su masculinidad, se desaniman ante cualquier obstáculo (o ante el primer rechazo de la mujer amada), y en un acto de cobarde egolatría, o pereza disfrazada de dignidad, se dan la vuelta para huir como perros castrados!

Yo no voy a huir. Yo voy a luchar, porque quiero a una mujer brillante para mí y "las intenciones de perseverancia generan éxito".

Un hombre alto, de ojos claros y cabello canoso lo invitó a pasar a la oficina principal.

Lo saludó de mano.

—¿En qué puedo servirte?

—Me llamo José Carlos. Soy muy amigo de Lorenna. Deseo participar en el equipo organizador del congreso. Sé redactar. Aunque podría ayudar en cualquier otra cosa que hiciera falta.

—A ver. Háblame claro. ¿Deseas pagar tu inscripción con trabajo?

—Sí… —aunque debió agregar "y busco una excusa para estar cerca de su hija". Sonrió.

—Llegaste un poco tarde. El congreso está a punto de empezar.

—Deme una oportunidad. Quiero aprender. Anhelo conocer al orador principal de su congreso, Mariscal Adalid.

—¿No tienes *nada* de dinero?

Movió la cabeza.

—De acuerdo. Veré si puedo becarte como he hecho con otros muchachos (tantos que ya perdí la cuenta), con la condición de que aproveches el beneficio. Creo que hay lugar para trabajar en el comedor. ¿Estarías dispuesto?

—¿Por qué no?

—Dame un minuto.

Salió de la oficina y después de un rato volvió acompañado de alguien más. La sangre se le heló cuando escuchó la voz.

—Hola José Carlos.

—Hola Lorenna.

—Pensé que no vendrías.

El hombre adivinó que la turbación de ambos obedecía a algo más que una amistad.

—Aquí estoy.

—Mi papá me explicó tus deseos de trabajar a cambio de una beca.

—Sí...

—Ven. Pasa a mi privado para que charlemos sobre eso.

Esta vez, Lorenna se sentó en el sillón ejecutivo y dejó que él usara una de las sillas para visitas. Las esferas metálicas con campanitas interiores estaban frente a él. No se atrevió a tomarlas. Al lado, sobre el escritorio había un vaso rotulado con letras en francés.

—¿Dónde compraste ese café?

—No es un café. Es un té de finas hierbas. Lo venden en una tienda exclusiva. Me encanta.

—Ah.

—¿Qué haces aquí *en realidad*?

Él se encogió de hombros. Quiso comentar "Te dije que iba a luchar por ti".

—Quiero participar en el congreso.

—Mi papá me dijo que puedes trabajar en la cocina. No sé si sepas lo que implica: limpiar las mesas y recoger platos después de la comida... Queda una vacante para eso. Sólo trabajarías dos horas cada día. El resto del tiempo podrías escuchar las conferencias.

Recordó lo que escribió antes de acudir a ese lugar.

¡Cuántos hombres se desaniman ante el primer obstáculo (o ante el primer rechazo de la mujer amada), y en un acto de cobarde egolatría, o pereza disfrazada de dignidad, se dan la vuelta para huir!

Sólo quería convivir con ella para enriquecer su historia juntos, pero quizá una convivencia en la que ella sería jefa y él mozo, resultaría contraproducente. Siguió pensando. Después de la extorsión del Cacarizo, el escenario económico de su familia era precario; de emergencia; no podía pedirle dinero a su padre para la inscripción al congreso.

—Gracias por estar aquí, José Carlos —ella lo miró con una dulzura ensombrecida por pensamientos contradictorios.

—Lorenna —se animó a decir—. Yo coordino maestros y doy clases en una escuela comercial que es el negocio de mi familia; estudio ingeniería administrativa. No necesito escuchar conferencias de liderazgo.

—Entonces. ¿A qué viniste?

—Quería —se dio cuenta que estaba hablando muy bajo, pero no levantó la voz—, formar parte de tu mundo…

—¿Para qué?

Había en su gesto una esquela de profunda soledad.

—Sé que tienes novio, pero —repitió las palabras del clérigo—, hasta hace unos meses yo no era seleccionado nacional en ciclismo. Ahora lo soy. Le quité el puesto a otro competidor.

Alguien entró al despacho sin tocar.

—¿Ya se pusieron de acuerdo? —Era el papá de Lorenna—. ¿En qué nos va ayudar nuestro amigo?

—Este… —ella titubeó.

Él se adelantó.

—Limpiaré mesas y recogeré platos después de las comidas.

La chica lo miró con incredulidad.

Él le devolvió la mirada diciéndole con los ojos: Haré lo que sea por ti.

33

Vergüenza

José Carlos se miró en el reflejo de un cristal, vestido con bata de afanador; se sentía poco entusiasta, no por la carga de trabajo que le esperaba, sino por la ubicación jerárquica en la que había sido colocado. Llevaba consigo utensilios de limpieza básicos. Escoba, cubo de agua, trapo húmedo y una charola de alambrón para recolectar platos sucios.

Recibió la señal por parte del encargado de coordinar los servicios alimentarios. Los otros cuatro becados, salieron a escena. Había más de cien tablones y sólo cinco personas encargadas del aseo. A él le correspondía la quinta parte del comedor. Unas veinte mesas. Pero no quería limpiarlas hasta que los jóvenes congresistas hubieran regresado al salón de plenarias. Había demasiados muchachos ostentosos, más o menos de su edad. Cientos de chicas bellas, entre ellas, Lorenna. No quería que lo conocieran y clasificaran como "mozo". Aunque ahí, lo era.

Desde la suntuosa inauguración del congreso fue sentado en el sitio para trabajadores: al costado trasero del estrado. Él y otros treinta o cuarenta jóvenes a quienes se les asignó esa zona, iban vestidos con uniforme azul. Como estaban a la vista de la concurrencia, en una colocación similar a la de los coros en algunas iglesias, no quedó duda de que eran los plebeyos (separados de la nobleza), o los leprosos (exiliados del pueblo), o los negros de antaño (a quienes se les prohibía la convivencia con los caucásicos).

—¡Vamos! —le dijo el jefe—. ¡No lo pienses tanto! Debes limpiar las mesas. ¿Qué haces ahí?

Al mirarse en el vidrio, agazapado, encorvado, se dio cuenta que sentía vergüenza... Y por primera vez en su vida, la imagen que vio de sí mismo le pareció desagradable.

—Ya voy.

Años atrás, leyó un interesante estudio sobre la belleza humana. Recordarlo le ayudó a esforzarse por recuperar la erección de la espalda y el esplendor del semblante.

Mientras pasaba el trapo húmedo sobre la primera mesa asignada, recolectando las migajas y tallando las manchas de refresco, caviló murmurando en voz muy baja:

—La vergüenza es sinónimo de fealdad. No recuerdo en qué libro de la Biblia lo dice. Creo que en Isaías. Ahí aparece una lista de antónimos. Algo así como que, en vez de perfumes había mal olor, y en vez de trenzas, calvicie, y en vez de vestido hermoso, harapos, y en vez de blanco, negro, y en vez de maldad, bondad... al final, de manera sorpresiva (casi increíble), dice: en vez de belleza, vergüenza... ¡Lo contrario de belleza no es fealdad sino vergüenza! O lo que es lo mismo: La fealdad es una consecuencia de sentir vergüenza.

"Una persona parece fea sólo cuando se avergüenza de su físico (o de alguna parte de su cuerpo), sólo cuando se siente abochornada por su pasado, por su familia, por su trabajo, por sus actos...

Se dirigió con mayor énfasis a él mismo articulando palabras con discreción:

—José Carlos, durante toda la mañana has sentido vergüenza. Por eso, en el espejo descubriste a un tipo tan feo. Con ese grado de fealdad generada por tu vergüenza, no conseguirás jamás impresionar a Lorenna. Entiende. ¡Te has escondido todo el día de ella! Prefieres que no te vea, porque te sabes grotesco. Pero no puedes seguir así. Sólo tienes dos opciones. O te quitas esta bata y renuncias al trabajo que te avergüenza, o decides aceptarlo con valentía, pensando que es una labor honesta y loable, pues estás sirviendo con dignidad.

”¡Cualquier persona que se sabe íntegra, segura de sí misma, con derechos y capacidad para amar, se ve bella! Mientras, por el contrario, la insegura, amedrentada, que se detesta a sí misma y se cree despreciable, se ve fea... Una cara bonita desluce si la voz que sale de su garganta es chillona y débil. Un cuerpo perfecto se ve mal si está encorvado.

”¡Decide y pronto! Si abandonas este trabajo, entonces fallarás al compromiso que hiciste y tendrás que esfumarte, ahora avergonzado por tu incumplimiento... Si te quedaras aquí, barriendo y limpiando desperdicios en medio de este ambiente juvenil de alto nivel (al que te gustaría pertenecer), entonces ¡actúa como si pertenecieras a él, sé afable y alegre, seguro y carismático! La gente notará que, aunque estés vestido de mozo, tienes alma de líder...

Escuchó unas sonoras carcajadas. En la mesa contigua varios jóvenes lo habían visto hablar a solas y se estaban mofando de él.

—¿Tienes un amigo imaginario? —le dijeron entre risotadas.

—¿Hablas con los fantasmas?

Sintió el bochorno de la sangre en el rostro. Se había ruborizado. Debía hacer algo pronto. Levantarse o huir. No había muchas alternativas.

—Estaba practicando —les dijo a los jóvenes que se burlaban de él. Aquí hago varias funciones. Ayudo y sirvo porque en el servicio se demuestra grandeza, pero también declamo en público.

—A ver —lo retaron—, declámanos algo.

34
Historia común

Muchos de los congresistas, después de comer seguían haciendo sobremesa. Había cientos de personas cerca y un murmullo pastoso rebotaba en las paredes de concreto generando eco.

Si se atrevía a declamar ahí, tendría que hacerlo con voz potente y dicción clara. De otra manera acabaría haciendo el ridículo.

Sopló. Miró alrededor. ¿Quería recuperar su apostura?

Tomó una silla se subió a ella y recitó a todo pulmón "A gloria" de Salvador Díaz Mirón.

Los versos fueron acallando poco a poco el rumor colectivo. Hasta que se hizo el silencio.

Fue enfático al decir, como si hablara por sí mismo, que *jamás permitiría las críticas destructivas*.

No intenten convencerme de torpeza
con los delirios de su mente loca:
mi razón es al par luz y firmeza,
firmeza y luz como el cristal de roca.

Aseguró que aun habiendo sólo sombras en el camino, la esperanza del corazón no le permitía mirar al suelo, *y que en cambio se* esforzaba por ver siempre al horizonte.

Semejante al nocturno peregrino,
mi esperanza inmortal no mira el suelo;
no habiendo más que sombra en el camino,
sólo contempla el esplendor del cielo.

Explicó, cual si de su esencia misma se tratara, que no le tenía miedo a los peligros.

Fiando en el instinto que me empuja,
desprecio los peligros que señalan.
«El ave canta aunque la rama cruja,
como que sabe lo que son sus alas».

Declaró que enfrentaría cualquier desafío y emprendería cualquier lucha sabiendo que saldría ileso.

¡Enfrento con valor los nuevos retos!
¡Quiero emprender la lucha aunque me abrume!
La flor en que se posan los insectos
es rica de matiz y de perfume.

Los claros timbres de que estoy ufano
han de salir de la calumnia ilesos.
Hay plumajes que cruzan el pantano
y no se manchan... ¡Mi plumaje es de esos!

Por último afirmó que se enfrentaría a la adversidad, sabiendo que quizá podría perder algunas batallas, pero no perdería la guerra.

Erguido bajo el golpe en la porfía,
me siento superior a la victoria.
Tengo fe en mí; la adversidad podría,
quitarme el triunfo, pero no la gloria.

Cuando terminó de declamar algunos jóvenes le dieron un aplauso espontáneo.

Bajó de la silla.

Lorenna, se había abierto paso y estaba frente a él.

—José Carlos... —los murmullos volvieron a la sala—. ¡Hace años que no escuchaba un poema declamado de esa forma!

—Era nuestra especialidad... ¿te acuerdas?

—Cómo olvidarlo —lo miró largamente—. Fue una bella etapa.

De pronto ambos entendieron que el vínculo más fuerte entre las personas se da a través de la "historia común". Dos seres humanos tienen lazos de unión verdaderos y a veces irrompibles cuando sólo ellos son capaces de recordar detalles de momentos que vivieron juntos en el pasado. Momentos en los que hubo bromas, risas, angustias o pesares. El basamento del amor, se llama "historia común". Si dos individuos tienen esa *historia*, pueden reconciliarse más fácilmente... si no la tienen (y desean amarse), *necesitan crearla*.

—Ya terminó el descanso —informó ella—. Están a punto de comenzar las conferencias vespertinas. ¡Se presentará Mariscal Adalid! Tienes que escucharlo. Acompáñame.

—No puedo. Debo acabar de limpiar las mesas. Me faltan como veinte.

—¡Deja ese trapo y quítate la bata! Voy a hablar con la encargada de alimentos. Ya no quiero que trabajes. Siéntate junto a mí. Necesito tu compañía. Además daré unas palabras en el cierre del congreso y quiero que me asesores para elaborar el discurso.

—Claro. Sí. Gracias, Sheccid... —quiso obedecer de inmediato. Despojarse del atuendo y entregar los bártulos, pero vio que sus otros tres compañeros encargados de limpieza estaban abrumados; lo reconsideró—. Hay mucha basura en este lugar —dijo—. Nos comprometimos a entregarlo limpio —su vergüenza se había trocado por sano orgullo—.

Voy a terminar lo que se me asignó y te alcanzo… ¿Me reservas una silla a tu lado?

—Claro —ella parecía impresionada—. Aprecio tu compromiso.

—Siempre.

—Te veo al rato.

35

Adalid

José Carlos se mantuvo en su papel de afanador. Las labores de limpieza parecían siempre interminables, y como él sostenía un ritmo de actividad más intenso que el de sus compañeros becarios, con frecuencia terminaba haciendo el trabajo de los demás.

Ya no sentía vergüenza por la faena. En todo caso, mientras barría o abrillantaba las mesas del merendero, lo embargaban oleadas de coraje.

Recordó lo ocurrido el día anterior.

Después de declamar y ser invitado por Lorenna a acompañarla, terminó el trabajo asignado, se lavó muy bien y se quitó la bata azul a toda prisa.

Llegó al aula magna y caminó hacia la primera fila. Lorenna solía sentarse ahí. Seguramente estaría separándole una silla como se lo prometió.

La conferencia del "gran" Mariscal ya había comenzado.

Avanzó a hurtadillas por el pasillo. Lorenna, como lo anticipó, estaba en medio de la hilera, pero junto a ella no había ninguna silla vacía.

—Ya terminé mi trabajo... ¿dónde me siento?

Ella se llevó el índice a la boca para pedirle que guardara silencio.

—Shhh. Ya está todo ocupado. Siéntate allá —miró hacia las tribunas de los becados.

Él se levantó despacio y permaneció parado frente a ella unos segundos. Empezó a recibir recriminaciones de otros jóvenes a quienes les tapaba la vista. Ya no se encorvó ni fue discreto al moverse. Tampoco acudió a las tribunas laterales. Caminó erguido de regreso por el pasillo central.

Siguió limpiando las mesas (con tanta fuerza que más parecía estarlas puliendo), comenzó a hablar consigo mismo de nuevo.

—¿Cuál es la diferencia entre un joven que viaja en auto lujoso, con chofer, hacia una mansión de descanso en el que lo esperan sus sirvientes, y el joven que camina por horas y usa transporte urbano para llegar a esa misma mansión a realizar las tareas de mantenimiento más extenuantes? ¡Dinero! —Farfullaba en voz baja, pasando un trapo sobre los tablones llenos de migajas—. ¿Y qué es el dinero? ¡Papelitos impresos! Simples hojas recortadas y dibujadas con formas caprichosas. En una isla desierta, esos papelitos no sirven para nada. Son basura. Pero en el mundo cotidiano, la persona que los tiene (y los esconde en el banco o en la caja fuerte o en la cartera), se mueve con seguridad y puede, si quiere, vivir como marqués; mientras que quien carece de ellos actúa temeroso, en un estado de pánico o desamparo, y podría, aunque no quisiera, morir de agotamiento (incluso de inanición). En esta loca sociedad; la gente vive obsesionada por robar, ganar, poseer y presumir la tenencia de esos papelitos impresos. ¡Hoy yo no los tengo!, ¡por eso estoy becado en el congreso, limpiando las mesas del merendero, pero algún día los tendré y me sentaré en la sección *vi ai pi* de las asambleas, y seré llamado al frente para explicarle a los demás cómo obtenerlos!

—¡Disculpa! ¿Me escuchas?

Se sobresaltó. Alguien había estado llamándolo desde la entrada del comedor. Levantó la cara.

—Sí. Perdón.

—¿Con quién hablabas, muchacho?

—Conmigo. Es un mal hábito.

172

—Ya veo. ¿Me puedes conseguir una botella con agua?

—Claro.

Entonces miró al hombre que le interpelaba. ¡Era Mariscal Adalid!

—¿Me la puedes llevar al camerino?

—Por supuesto señor. ¿No se le ofrece algo más?

—Quizá si me consigues algo de fruta...

—Claro. Se la llevo en cinco minutos.

Adalid era un señor joven, espigado, de mirada franca y voz grave. Tenía un discurso cautivador; voceaba al micrófono con histrionismo teatral teorías difíciles de refutar sobre optimismo, autoestima y buena actitud.

José Carlos se movió rápido.

Él mismo picó una rebanada de sandía y otra de melón que halló en el frigorífico y adornó el plato con un poco de yogurt. Luego fue a toda prisa hasta la zona de camerinos. Los guardias de seguridad le obstaculizaron el paso. Explicó que Adalid, (¡en persona!), le había solicitado el refrigerio que llevaba.

Entró al aposento principal de los artistas. Adalid lo invitó a sentarse.

—Me asombró verte trabajar con tanto afán ¡hablando contigo mismo! ¿Siempre lo haces?

—Sí. Algunos me tildan de loco.

—Pues no lo estás, campeón. Los triunfadores reflexionan a todas horas. Mientras descansan, mientras se ejercitan, mientras se transportan, mientras trabajan. Tú eres un triunfador. Nunca lo olvides.

—Gracias por decírmelo... Últimamente he tenido muchos fracasos.

—¡Es la historia de todos los grandes! No importa cuántas veces se han caído sino cuantas veces se han levantado... Lo dijo Winston Churchill.

José Carlos recibió el consejo con una mezcla de agrado y desconfianza. Era la primera vez que tenía contacto con aquel gremio profesional (oradores que pretendían ayudar al público desde una postura laica). El oficio le parecía sugestivo y sospechoso a la vez. Había una línea muy fina entre dar mensajes legítimos provenientes de la más apasionada convicción y recitar parlamentos aprendidos, producto de una mercadotecnia manipuladora. Aunque en ambos casos los oradores podrían usar las mismas palabras, el espíritu (y resultado) del discurso tendrían que ser diferentes.

Mariscal lo observaba con interés.

—¿Eres empleado de este lugar?

—No, soy becario. Como todos los jóvenes de bata azul.

—Ah. Sí. Los he visto. Me llaman la atención porque aunque están uniformados con ropa de trabajo y se sientan a un costado del estrado, muchos de ellos parecen interesados *de verdad* en las conferencias. ¡No paran de tomar notas!

Le sorprendió que el orador notara esas minucias.

—Sí. Valoramos con creces el privilegio de estar aquí.

—No pareces muy entusiasmado al decirlo.

Entonces se quejó con amargura:

—Los organizadores nos consideran de una categoría inferior, no tenemos recursos para pagar el costo del congreso, así que fuimos invitados a participar a cambio de trabajo, lo cual es razonable y está bien, pero, en el trato cotidiano, somos muy discriminados.

—¡Increíble! Voy a interceder por ustedes.

Ahora el ofrecimiento le sonó sacerdotal.

—No hace falta. Todo esto sirve para la vida —José Carlos limpió con el trapo una marca de café impregnada en la mesa del camerino y le preguntó al conferenciante si se le ofrecía algo más de tomar o de comer. Mariscal se apresuró a sentenciar:

—Joven recuerda lo que dijo Lao Tse: *El hombre superior no abandona su calmosa dignidad, porque posee la gloria del mundo* o mejor aún, como lo dijo Goethe, *el talento se educa en la calma y el carácter en la tempestad.*

Frunció las cejas. Sus consejos eran buenos, pero vagos (igual que los horóscopos) le quedarían como anillo al dedo a cualquiera.

—Gracias —respondió.

Adalid no lograba conmoverlo.

—¡Recuerda que tú eres fuerte! —aseguró el orador—. Así que *sé fuerte.*

Guardó la respiración unos segundos y levantó la cara.

—¿Qué dijo?

—La debilidad no va contigo. Busca la forma de recuperar tu fortaleza.

Eso lo conmovió.

36

Golpiza a una mujer

Un rescoldo de tristeza, como aire de invierno prematuro, se había establecido en el ánimo de su familia.

—Ya vamos a la mitad de nuestras vacaciones de Semana Santa y no hemos salido de la casa —su hermanito reclamaba con vehemencia.

—No podemos salir —contestó el padre—, José Carlos está en un congreso *de la universidad*.

(Odiaba haberles mentido).

—¡Pero le faltan dos días! —Pilar contribuyó al debate—. ¡Acaba el viernes! ¡Nos quedaría sábado y domingo! ¡Llévanos a pasear por algún pueblo pintoresco! ¡Tequisquiapan o Taxco o..!

—Imposible. ¡No tenemos dinero!

Silencio. Todos estaban al tanto de los últimos y casi inverosímiles acontecimientos. La familia era víctima de chantajistas profesionales.

—¿Podríamos ir al cine al menos? —Preguntó Lili.

—Tampoco. Eso cuesta. Tenemos que ahorrar.

—¿Y a comer fuera? ¿En un restaurante barato?

—¡No debemos gastar ni lo más mínimo! Acuérdense lo que sucedió.

¿Cómo olvidarlo? Si la seguridad de la casa había sido reforzada con candados y cerraduras. Si ya no se les permitía abrir el portón del garaje a menos que los acompañase un adulto, si la hora de llegada había sido restringida (¡aún más!) y sólo al hermano mayor se le permitía llegar tarde, excusado por los horarios de la universidad.

José Carlos no soportaba saberse causante de esa desdicha escarnecedora de su hogar. Tenía que hacer algo. Tal vez si hablaba de nuevo con Mario Ambrosio y le pedía ayuda para cotraatacar a los extorsionadores...

Conocía el bar favorito de su excompañero, al que acudía todas las noches después de su infamante trabajo.

Sacudió las manos y se puso de pie.

—¿A dónde vas?

—No hay peor lucha que la que no se hace. O como dijo Napoleón: *La victoria pertenece al perseverante.*

C.C.S. miércoles 30 de marzo de 1983

Iba por el tercer vaso con agua, cuando el capitán de la cantina me conminó a consumir algo más sustancial, so pena de pedirme, amablemente, que esperara mi cita afuera.

—Disculpe, le voy a decir la verdad —me atreví—, no tengo ninguna cita. Estoy aquí porque a un amigo mío le gusta venir. Se llama Mario. Trabaja en la tienda para adultos, del otro lado de la calle. ¡Me urge hablar con él!

—Mario Ambrosio. ¿Buscas a Mario Ambrosio? —dijo el mesero bajando la voz como quien pronuncia un vocablo prohibido—, me hubieras dicho. ¡Está bien jodido, el pobre! Hace dos noches vino. Pasado. Flaco. Enfermo. Parecía moribundo el güey. Se desmayó y le hablamos a la cruz roja. Dejó una maletita en la mesa. No la abrimos para evitar problemas. Porque anda metido en cosas gruesas. Luego, luego se ve.

—¿Dónde está ahora?

—En el Hospital General. Me lo comentó un tipo que recogió la maletita.

—¿Cuál hospital?

—El del Centro Médico, en la colonia Doctores.

—Ah... Sí. Gracias... Me voy. Disculpe que no le deje propina...

Salí del bar y caminé hacia mi auto. Estaba estacionado sobre la acera, frente a un parquímetro al que ya se le estaba terminando el crédito.

Apenas sentí sobre el rostro la ventisca fría de la noche sin estrellas, me detuve en seco quedándome tan quieto como uno de esos mimos disfrazados de estatuas metálicas. En mi petrificación espontánea, el corazón me latía con una arritmia que me causó vértigo.

A escasos metros de distancia estaba Lorenna ¿o era Justine? Discutía a grandes voces con un hombre que la acechaba.

—¡Deja de perseguirme! ¡Yo no soy una más de tus prostitutas!

—¡A ti no te vendo ni te comparto! —respondió el hombre—. Eres mi mujer.

—¿Igual que Susane y Laura y Socorro y Vanesa?

—Sí, igual que ellas.

—Te equivocas, patriarquita de mierda. Yo soy exclusiva o no soy.

—¿Cómo me llamaste? ¿Patriarquita de mierda? Vuelve a decirlo y te rompo la cara.

La chica cambió a un tono más suplicante previniéndose de que la amenaza pudiera ser cierta.

—¡Pues dame más libertad! ¡Me siento como prisionera! Estoy harta de que mandes a tus gorilas para que me espíen todo el tiempo y por todos lados. Ni siquiera me dejas en paz cuando me presento a cantar en el Café.

Era Justine. Exhalé, aunque opté por seguir inmóvil. Lo que menos deseaba era llamar la atención. Giré la cabeza despacio para calcular el trayecto hacia el coche. Entonces detecté que había varios hombres apostados en las esquinas de la cuadra. Tal vez, guardaespaldas del Patriarca. Tal vez curiosos por la impetuosa discusión.

Justine seguía contendiendo. El empresario del bajo mundo la había tomado de los brazos para sujetarla. La reyerta se había vuelto corporal. De pronto, el rufián la abofeteó con tal fuerza que ella cayó de espaldas en la banqueta. Ninguno de los espectadores

179

hizo el menor intento por acudir a defenderla. Tuve el impulso de entrometerme, pero lo pensé dos veces. Caminé hacia el vehículo, lo abrí con rapidez y me metí en él, asegurándome de poner los seguros. Seguí viendo la escena apostado detrás del parabrisas.

El hombre había comenzado a patear a la mujer, que hecha un ovillo en el suelo se protegía la cabeza con ambos brazos.

Por fortuna, algunos curiosos o empleados del padrote se acercaron al fin para pedirle que detuviera la flagelación. ¡Estaba golpeando a una mujer!, ¡y en plena calle!

Arranqué el motor, aunque no aceleré, procurando pasar desapercibido. Pensé que si dejaban tirada a Justine, podría conducir junto a ella, subirla al auto y llevármela... Pero no hubo oportunidad. Para mi sorpresa, el Patriarca se inclinó y comenzó a acariciarla. Luego la cargó en brazos como quien rescata a un perro de la calle que acaba de ser atropellado y la metió a su negocio.

Los destellos luminosos del letrero se me impregnaron en la retina. La dicha.

Permanecí varios minutos dentro del vehículo asido con fuerza al volante y resoplando.

37

El enfermo

Al día siguiente, después de entrenar en el Comité Olímpico, hizo una junta con sus compañeros ciclistas y les vendió parte de su ajuar deportivo. Sus pants y jersey del equipo nacional con el que representó al país en los Panamericanos Juveniles y el casco alemán que le dio su entrenador como premio por haber conseguido el quinto campeonato nacional. Objetos muy valiosos y cotizados. ¡Cómo le dolió intercambiarlos por unos cuantos papelitos impresos!

Después del almuerzo, manejó hacia el Centro Médico Nacional para buscar a Mario Ambrosio.

Preguntó por él. La recepcionista se asombró de que al fin llegara alguien interesado en ver a ese enfermo. ¡Ni siquiera tenían sus datos completos en el expediente!

—¿Usted es su familiar? —cuestionó y, acto seguido, soltó información adicional para dirigir la respuesta—, porque el reglamento estipula que sólo se permite el acceso de familiares. Ni amigos ni conocidos. Sólo familiares. Aunque tampoco pedimos documentos para comprobarlo. Es suficiente que digan "yo soy su familiar"... ¿Usted lo es?

—Sí —mintió y ella sabía que mentía—, soy familiar de mi amigo. Digo de mi familiar.

—Firme aquí. Póngase este gafete. Suba por el elevador. Está en el cuarto trescientos dos.

Resopló. Siguió las instrucciones.

Los pisos del Hospital General se habían desgastado, tanto por el incesante paso de gente, como por el agresivo abrillantador cáustico con el que eran desinfectados. Las paredes también descarapeladas sufragaban la formación de un cuadro repulsivo. Se respiraba aroma a muchedumbre enferma, a médicos agotados por la morbidez circundante. Casi podía adivinarse la rutina que había desensibilizado las emociones de quienes convivían a diario con ese hacinamiento de dolientes.

El cuarto de Mario Ambrosio, sin embargo, estaba en una zona menos concurrida. Para llegar a él había que pasar por varios filtros que José Carlos franqueó mostrando la tarjeta de visita que le dieron. Antes de llegar al último pabellón, una enfermera lo conminó a lavarse muy bien las manos, ponerse ropa especial, guantes, cubrecalzado y tapabocas.

—Los enfermos de esta zona —le dijo—, son inmunodeprimidos. Pueden adquirir enfermedades con facilidad. Así que no se le acerque mucho.

—De acuerdo.

Mario se veía pálido y enflaquecido; recostado de lado había encogido las piernas en posición fetal.

—Hola amigo.

Tardó en reaccionar. José Carlos tuvo que darle la vuelta a la cama para quedar frente a él.

—Hola —repitió—, te traje unas revistas de comics. Pero me las quitaron en la recepción. Sólo pude pasar ésta. La más pequeña.

Mario se enderezó despacio. Tomó la historieta y comenzó a hojearla. Sonrió como recordando los años de inocencia cuando su mundo giraba en torno a Batman y al Hombre Araña.

—¿Qué haces aquí, enano?

—Vine a verte. Supe que estabas enfermo y me preocupé...

—Te va a crecer la pinche nariz como a Pinocho —su voz era rasposa y débil—. ¿Qué quieres?

—No deberías darte el lujo de maltratar a las muchas personas que te visitan.

—Tienes razón… eres el primer güey que viene.

—¡Te dieron una habitación grande y bonita! ¿Cómo le hiciste?

—Ya ves. El diablo me da influencias en todos lados.

—No digas tonterías.

—Es la verdad. Me está chupando la vida.

—¿Qué te pasó? ¿De qué enfermaste?

—No tengo la menor idea. Aquí tampoco saben. Dicen que mi sistema inmunológico está dañado; como roto en pedazos. Algunos doctores creen que pesqué una especie de virus nuevo… y piensan que podría ser contagioso, pero otros dicen que me jodí la sangre por drogarme y pincharme con jeringas sin desinfectar. No se ponen de acuerdo. Me tienen en observación. Yo ya quiero irme, pero la verdad, todavía me siento de la fregada.

—Caramba, cuate —José Carlos le tomó la mano sin saber que con los años, su amigo iba a ser recordado como uno de los primerísimos casos de sida en el mundo—, déjame decirte algo. Hace unas semanas vi a tu mamá. Piensa en ti todo el tiempo. Te quiere mucho. Tiene en las paredes de su casa varias cosas tuyas. El rifle de balines. Los cuadros que pintaste cuando eras niño.

Mario Ambrosio volvió a encogerse como un ovillo y se puso a llorar. Estaba muy lastimado, física y emocionalmente. El visitante compuso frases de aliento y consuelo, mientras el enfermo escuchaba, asentía y comprendía. Después de un rato, tomó la sábana para limpiarse la cara y sonarse la nariz. La dejó arrugada, llena de mocos. Carraspeó. Estaba afónico.

—Me dijeron que el Cacarizo los visitó en tu casa, y les quitó dinero.

—Sí. Fue muy desagradable.

—Es un tipo nefasto.

—¿Qué puedo hacer para defenderme de él?

—Nada. Pagarle lo que te pide.

—Me lo imaginaba. Mis papás van a tener que vender los autos y otras cosas.

—Sí… pero tú tienes la culpa. ¿Para qué te metes en la madriguera de los perros rabiosos? El que la busca la encuentra.

—Tienes razón.

—Perdóname enano —dijo Mario después de un largo silencio—. La última vez que nos vimos yo te ofrecí sacar tu expediente y "perderlo"… No lo hice. Soy un cobarde de mierda.

—Tranquilo. Yo entiendo.

—¿Encontraste a Justine?

—Sí.

—¿Sabes que ella es una de las mujeres del Patrón?

—Sí… pobrecita. Ayer fui a buscarte al bar y vi como el Patrón la golpeaba. Fue una escena terrible.

—Pan de cada día… ¿Ya te diste cuenta que nunca vas a poder ser amigo de esa mujer? Antes te matan.

—Sí, pero yo en realidad no buscaba a Justine, sino a su prima Lorenna. Había un malentendido. Justine y Lorenna se parecen mucho.

—Ah. *Órale*. Algo supe de eso; aunque yo nunca traté con la prima.

—Lorenna es otro tipo de chica.

—¿Y ya la encontraste?

—Sí.

—¿Dices que se parece a Justine?, debe ser muy guapa, porque Justine es un cuero.

—¡Es muy guapa!

—¿Y ya te la parchaste?

—¿Qué es eso?

—No te hagas el idiota…

—No. No me la he *parchado*. No tengo dinero ni para invitarle un refresco.

—¿Vienes a pedirme prestado?

—No. ¡Para nada! Vine a saludarte. Hoy vendí cosas valiosas del ciclismo. Con ese dinero voy a sorprender a Lorenna. Ya compré una manta de tela, pinceles y pintura. Le voy a hacer un letrero que diga cuanto la quiero. También le fui a conseguir al centro un té herbal de importación que le encanta. Mañana se lo pienso dar. Estoy con ella en un congreso de liderazgo juvenil.

—Eres un cursi baboso. ¿Y qué haces en el congreso?

—Trabajo como servidor. Limpio las mesas y barro a cambio de que me permitan escuchar las conferencias. Lorenna anda por ahí, me topo con ella a veces...

—¿También barre y limpia?

—No. Ella es de las organizadoras.

—¿Y qué te enseñan en el congreso?

—Cosas positivas. Sobre planeación y perseverancia.

—Ah...

Se quedaron callados unos minutos.

José Carlos se dio cuenta de que en ocasiones como esa, era importante hablar. Tener algo que decir... Envidió a Mariscal Adalid. Él siempre parecía contar con una frase célebre en la punta de la lengua.

—Ánimo, amigo —entrecerró los ojos y se concentró en expresar lo que legítimamente pensaba; eso era más valioso que citar a los famosos—. Tú no naciste para estar aquí. Has sufrido mucho. Cometiste cualquier cantidad de errores, pero no hay nada que no pueda remediarse. Mientras tengamos vida (y tú todavía tienes), debemos dar lo mejor de nosotros mismos. Mejorar día a día. Aferrarnos a lo bueno.

—Yo ya no tengo a qué aferrarme.

—Sí tienes. Dijiste que el diablo te ha traído aquí. ¿Por qué, mejor, no te aferras a Dios? Seguro que él podrá sacarte...

Mario asintió. Apretó los párpados.

—Puede ser.

—Lucha por vivir, amigo. Eres capaz de crear grandes cosas todavía. Cosas de valor. ¡Sé valiente porque la vida es sólo para valientes!

Una enfermera apareció en la puerta.

—El horario de visitas terminó.

José Carlos apretó la mano de Mario.

—Échale ganas güey —lo motivó en sus términos—, vas a salir adelante.

—Gracias… —respondió—, hoy estaba hundido; ¡hasta las chanclas!; como nunca. Y eso es mucho. Me ayudaste un chingo, cabrón.

—Para eso están los amigos.

—Te debo una.

38
La manta

Al día siguiente se sintió nervioso desde la mañana.

Apenas terminó el entrenamiento en el Comité Olímpico, corrió a las regaderas, pasó por una bolsa de bocadillos que había siempre disponible para los atletas y se trasladó a toda prisa al centro de convenciones.

Quería sorprender a Lorenna. Decirle que a pesar de ciertos desprecios, él seguía dispuesto a luchar por ganarse su cariño. No era de los hombres que se rendían ante la primera desilusión.

Llevaba consigo una manta de cuatro metros cuadrados que había rotulado la noche anterior y que planeaba colgar en algún pasillo, entre los salones de sesiones y el merendero.

Cuando llegó al recinto comprobó que no había ni una sola persona adentro todavía; anduvo por los corredores escrutando el sitio más adecuado para colocar su mensaje. Entonces lo asaltó un arranque de audacia. ¿Y si se atrevía a más?

Fue al aula magna y encendió la luz.

Giró sobre su eje con los ojos inflamados de un arrojo súbito, incitado días antes por el orador: *nada mejorará a menos que te atrevas a hacer cosas diferentes. Eres fuerte. Sé fuerte.*

¡La manta, sobre uno de esos muros daría un mensaje más definitorio; más explícito, sin el menor rescoldo de duda o timidez! ¡Sería como gritar a los cuatro vientos confesiones categóricas! Sobre todo si eran expuestas en la pared frontal, justo por encima del estrado.

Fue a la bodega de bártulos para limpieza, extrajo cuerdas y una escalera de tijera. Con la dificultad sobreañadida de tener poco tiempo y estar a punto de cometer un acto ilícito, se movió a toda prisa. Regresó al auditorio. Movió el pódium. Esquivó los floreros laterales. Se subió a la escalera. Hizo pasar las sogas sobre el marco de los reflectores, realizó un par de amarres y dejó que la manta colgara por su propio peso. Percibió la llegada de algunos congresistas tempraneros.

Quitó sus enseres y echó un rápido vistazo a la manta. Lo malo no era que estuviera ligeramente ladeada, sino que, en efecto, desde cualquier ángulo se veía su mensaje prominente.

No sólo Lorenna lo leería, también lo harían más de mil jóvenes insidiosos y adultos legalistas siempre dispuestos a reconvenir.

Tragó saliva.

Volvió a mirar su obra. La manta estaba sesgada hacia la izquierda y sus palabras rotuladas con pintura roja, así de lejos, no parecían muy simétricas.

Era tarde para arrepentirse.

Salió del recinto cargando escalera y herramientas, con la vista en el suelo.

La manta que todos los presentes leyeron esa tarde en cuanto entraron al salón decía:

Sheccid
Mi bien amada...
Tus ojos han dado luz
a las sombras de mi mente
y tu belleza ha inspirado
mi futuro junto a ti.
¡Te adoro, princesa!

José Carlos se atrevió. No quería comportarse como el adolescente tímido que fue años atrás, anhelante de toparse con su princesa en los pasillos para saludarla o hacerle algún comentario frugal, esperanzado en entablar una conversación amistosa que nunca se daba. Pero durante los días del congreso Lorenna había estado muy ocupada, siempre al centro de un grupo de amigos (tenedores de papelitos impresos), que además de vestir impecablemente, lucían un rostro primoroso (como el que sólo se obtendría con cremas femeninas o terapias faciales), y hablaban petulantes alargando las frases en una tonadita entre musical y estúpida.

Él se había cansado de soportar el frustrante ejercicio de perseguirla y ser despreciado por ella una y otra vez. Como sospechaba que en cuanto estuvieran fuera de ese ambiente que la afectaba tanto, volvería a ser la mujer dulce y noble de la cual se enamoró, había decidido apostar su resto.

Se escondió detrás de las cortinas y observó por una abertura que hizo con los dedos, a manera de antifaz, el interior del auditorio.

Vio cómo los jóvenes señalaban la manta y se reían.

Lorenna llegó tarde; minutos después de que Mariscal Adalid había tomado el micrófono. En cuanto se sentó en su silla de primera fila, la compañera contigua, le señaló el letrero.

Lorenna abrió la boca y los ojos al máximo en un gesto histriónico de incredulidad. Primero se ruborizó. Luego se puso pálida. Llevó las manos a la cara y se quedó quieta, como si quisiera ser tragada por la tierra.

El orador detuvo su incipiente discurso ante las risas y burlas en aumento.

—¿Qué sucede? —preguntó.

—¡Ya llegó Sheccid! —gritaron algunos—. *La bien amada.*

—¿Quién es Sheccid?

—Lorenna —vocearon los más cercanos—. Deghemteri. Así le decían en la secundaria.

Mariscal trató de calmar a los burlones.

—Tranquilos. ¿Por qué se alborotan tanto? Igual que ustedes vi la manta apenas entré al salón. Iba a mandar quitarla, pero luego pensé: Éste es un congreso de liderazgo juvenil. Y no se puede ser líder sin atreverse, a veces, a hacer cosas extravagantes. Esta manta está rotulada a mano. La hizo alguien muy osado. No es ofensiva. Así que decidí dejarla. Sólo tengo una curiosidad. ¿El enamorado se atrevería a dar la cara? ¿Sería capaz de mostrarse en persona como lo haría un verdadero líder?

El murmullo se hizo más intenso. José Carlos sintió un estertor que le quitó el resuello. Los jóvenes en el auditorio giraban la cabeza para ambos lados; comenzaron a aplaudir y a silbar.

Un muchacho de rostro impecable, vestido con ropa de marca, se puso de pie y caminó al frente. Adalid le preguntó, dándole después el micrófono.

—¿Tú hiciste esta manta?

—La mandé a hacer. Quiero decir. Mis amigos y yo la pensamos. Lorenna nos ha roto el corazón.

Otros compañeros de juerga se pusieron de pie, fingiendo ser partícipes y sucedáneos del mensaje. La algarabía creció.

José Carlos se dio cuenta que muchos estarían interesados en acreditarse la autoría del cartelón, sobre todo ahora que Adalid lo había envestido de valor. Pero el conferenciante recuperó el micrófono para exigir mesura y respeto. Instó a todos a guardar silencio y exigió que el verdadero autor de la manta se descubriera.

José Carlos resopló con intermitencia y rapidez como lo haría un buzo de apnea antes de sumergirse en las profundidades. Hizo a un lado la cortina y caminó hacia el frente. Adalid lo miró asombrado.

—¡José Carlos! —le dijo—, ¿fuiste tú?

—Sí.

El orador se acercó a él y le dijo en privado.

—Yo quería darle una lección al que hizo esto... enseñarle que los menajes anónimos son una muestra de cobardía, a menos que su creador esté dispuesto a dar la cara... Pero no me imaginé que se tratara de ti...

—No soy un cobarde. Puedo decir algo, si usted quiere.

—Depende de ti.

—Sí.

Mariscal Adalid le dio el micrófono al joven. Poco a poco se hizo el silencio en el salón.

—Yo no tengo mucho dinero. Mi familia está pasando por la peor crisis. Así que estoy aquí como becario. Soy uno de los que limpian las mesas en el comedor. Sin embargo, sé que los problemas no son definitivos. Son temporales. Sé que *el talento se educa en la calma y el carácter en la tempestad.* Me lo dijo un amigo —miró de reojo a Mariscal y luego dio un paso hacia Lorenna—. Mi princesa —se dirigió a ella—, aunque no tenga el nivel económico que deseas, tengo el nivel moral para decirte que siempre te he querido, te he buscado y te he anhelado... desde hace años produje obras y trabajos, siempre pensando en ti, para que tú los vieras algún día... también soy estudiante y deportista y cada uno de mis éxitos te los dedico a ti. Sabes que esto no es obra de un enamoramiento repentino. Tú eres parte de mi vida desde hace años. Por eso te digo de frente lo que te escribí en ese cartelón. *Tus ojos han dado luz a las obras de mi mente y tu belleza ha inspirado mi futuro junto a ti. ¡Te amo, princesa!*

Le regresó el micrófono al orador.

Durante varios segundos el auditorio permaneció en silencio. Después, algunos jóvenes comenzaron a aplaudir y terminaron siendo imitados por el resto.

Varias chicas observaron a José Carlos, conmovidas. Pero a él sólo le interesaba la respuesta de unos ojos azules cuya atención al fin había logrado captar.

Salió del salón y fue al comedor para ayudar a sus compañeros becarios con la preparación de los alimentos.

Se sentía con una energía multiplicada. Dispuesto a cualquier cosa por lograr su cometido.

A los pocos minutos le avisaron que alguien estaba buscándolo.

Era Lorenna.

Tomó la bolsa con tés exóticos que fue a conseguir al centro la tarde anterior, y salió a su encuentro.

—Hola —la saludó—. Te compré un regalo. Toma.

Le dio las infusiones. Ella las tomó sin mirarlas.

—¿Por qué hiciste eso?

—Estoy desesperado por quererte. Desesperado por que me quieras.

La chica lo analizó con un gesto de ternura.

—Sí. Lo entiendo José Carlos, y te lo agradezco. Eres un gran hombre, tienes un corazón enorme. ¿Viste la cara de todas las muchachas en el salón? Todas parecían enamoradas de ti.

—¿Y tú?

—Sí —carraspeó y bajó aún más el volumen de su voz—. Yo también estoy un poquito enamorada de ti.

—Con ese poquito me conformo. Dame la oportunidad de hacer crecer el amor que sientes. No te voy a defraudar.

Ella se quedó quieta. Él aprovechó para llevar la mano hasta su rostro y acariciarla con suavidad. Luego le tomó una mano.

Algunos jóvenes veían la escena. Ni a ella ni a él les importó. Su conflicto amoroso había quedado sobradamente expuesto.

—Espera, José Carlos. Déjame decirte algo.

Y su voz sonó peligrosamente seria.

—Gracias por seguirme persiguiendo… Eres muy insistente. Pero para una mujer, sentirse acosada no es algo lindo. Mi prima Justine, por ejemplo fue víctima de maltrato físico antier. Su novio le dio una golpiza.

—Sí —contestó. Y quiso completar "yo vi cuando se la dieron", pero prefirió guardar el secreto.

—Está muy lastimada. Física y moralmente. Justine dice que su novio es un buen hombre ¿lo puedes creer? ¡Lo defiende!

—Síndrome de Estocolmo.

—Sin embargo reconoce que el sujeto es posesivo. La acorrala, la importuna, la espía todo el tiempo. ¡Los hombres que persiguen, a veces asfixian a las mujeres! Lo del cartelón que colgaste en el auditorio fue muy lindo, José Carlos, pero me causó una sensación de hostigamiento. ¡Como si me estuvieses advirtiendo que jamás dejarás de perseguirme, aún en público! No lo tomes a mal, amigo. ¡No pongas esa cara! Yo te aprecio, pero quisiera voltear a verte no porque me acoses y me llenes de regalos —levantó la bolsa con los tés exóticos—, sino porque has trabajado por ti mismo a tal grado que te has convertido en alguien digno de admiración, alguien de quien me sienta orgullosa de pasearme a su lado.

Las últimas palabras de la chica fueron como golpes directos a la cara de él. Si fuera un boxeador, en ese momento hubiera caído a la lona, vencido, quizá convulsionando. ¡En un minuto ella lo había comparado con el Patrón!, ¡se había manifestado temerosa de ser lastimada o ultrajada por él (como le pasó a su prima Justine)!, ¡y le había explicado con sucinta gravedad que mejor debía preocuparse por sí mismo, y convertirse en alguien más importante para que, así, ella pudiera sentirse orgullosa de ser su pareja…

Él buscó instintivamente una silla y se sentó.

Ella se despidió.

—Hasta luego —le dijo ella en tono amable. Pero él no contestó.

39
El funcionario

C.C.S. sábado 2 de abril de 1983

Todos mis esfuerzos parecen vanos e infructuosos. ¿Y cómo iba a ser de otra forma? Por definición, un estudiante no genera dividendos económicos ni crea productos de valor. A lo más que puede aspirar es a obtener reconocimientos. Diplomas. Medallas. Premios. ¡Yo los tengo! (¿Y para qué?) ¡Lorenna lo sabe y aun así me desprecia!

En un ascua de dignidad, he pensado: A sus ojos yo no soy rico, ni guapo, ni bien vestido, ni popular, ni tengo (¡por supuesto!) cutis de nalga de bebé. Pero si ella acudiera a mis competencias de ciclismo, se daría cuenta que destaco en mi ambiente. Si leyera la novela que escribí, valoraría la posibilidad de que algún día me convierta en escritor. ¡Sin embargo, para ella, los hechos son lo que cuenta! En un estúpido arranque de honestidad (ese ha sido mi mayor error), yo mismo le dije un día que todas las editoriales rechazaron mi trabajo. Sí, es cierto: Soy un amasijo de planes y de sueños. ¡Pero a pesar de mi falta de concreción en lo material, no paro de hacer cosas para convertirme en un buen hombre! Y pienso mucho en ella (mi Sheccid, la mujer de mi vida, que, por cierto, cada vez dudo más que sea Lorenna). ¡En estar a su nivel! En que se enorgullezca al tomarme del brazo y caminar conmigo por la vida.

No me considero un chillón, ni un melindroso, pero ayer cuando iba manejando de regreso a casa, me puse a llorar.

¡De verdad ya no sé qué más hacer!

¡No quiero que la mujer a quien amo se avergüence de mí!

Así que hoy decidí hacer algo diferente. Más concreto. Más productivo:

Después de entrenar, y antes de ir al congreso, acudí al edificio del CREA (Consejo Nacional de Recursos para la Atención de la Juventud), aun sabiendo que, por las fechas, de seguro estaría cerrado.

No me equivoqué.

Incluso el portero había abandonado su puesto; de modo que entré al vestíbulo y subí las escaleras. Escuché a lo lejos un radio mal sintonizado que emitía la transmisión ruidosa de una estación popular.

Todas las oficinas estaban apagadas. No había ni una secretaria. Fue fácil seguir el rastro audible y llegar hasta el único despacho abierto. Leí el distintivo de la puerta. Decía algo así como, "director de apoyo a investigadores jóvenes".

—Buenos días —toqué con los nudillos—. ¿Puedo hablar con usted?

El hombre se sobresaltó. De inmediato giró para bajar el volumen de la música y contestó a la defensiva.

—¿Sí? ¿Qué se te ofrece?

—Necesito informes sobre los premios pendientes de otorgar.

—¡Ah! No. Lo siento. Estamos de vacaciones. Yo vine a buscar unos documentos personales. ¡Pero ya me voy! Regresa la semana que entra.

No le creí. El hombre, vestía ropa informal, escuchaba música, tenía sobre la credencia lateral un refresco y un emparedado a medio consumir. Había una pila de carpetas desordenadas sobre su escritorio. Estaba organizando calmosamente papeles en un día de asueto. No tenía prisa.

—Sólo deme un consejo —insistí—. Estoy desesperado.

—Ya te dije que regreses después.

—Ayúdeme —supliqué.

Me escrutó con desconfianza.

—¿Qué te pasa?

—Yo escribo. Tengo el manuscrito de una novela que ganó hace varios meses el premio de literatura que ustedes dan.. Re-

196

cibí mi diploma y todo. Fue una linda ceremonia. Sin embargo, la convocatoria del concurso decía que al ganador le publicarían su trabajo. ¡No fue cierto! He venido varias veces a llenar solicitudes y a realizar trámites burocráticos. ¡Me han hecho dar muchas vueltas y nadie me atiende y nadie me da una solución! Por favor aconséjeme. ¿Qué debo hacer para que publiquen mi libro, como lo prometieron?

El "director de apoyo a investigadores jóvenes" percibió que mi duda era genuina y que yo no tenía intenciones de amenazarlo. Sólo deseaba orientación.

—¿Qué escribiste?

—Una novela de amor.

—Yo no tengo esos expedientes. Pero dime. ¿Qué carrera estudias?

—Ingeniería.

—¿Cómo es posible? ¡Qué absurdo!

Me defendí. No era la primera vez que lo hacía en esa materia.

—Todos tenemos capacidad para aprender distintas habilidades a la vez. Además, mi padre dice que los escritores no ganan dinero. Así que seré ingeniero para poder vivir, y escritor para ser feliz.

—Interesante… Se supone que el gobierno da estos premios para que las personas se enfoquen en desarrollar su talento… Y tú no pareces muy enfocado.

—Bueno yo doy clases de redacción en una escuela para secretarias y todas las noches escribo.

—Ajá… —suspiró—. ¿Y te gustaría que tus alumnas leyeran el libro de su profesor?

—Sí. ¿Por qué no?

—Ya entendí. Quieres ver tu nombre en la portada de un ejemplar impreso, y demostrarles así a las chicas tus resultados concretos.

Alcé las cejas. ¿Cómo había adivinado?

—No sólo eso —quise protestar—, uno escribe para ser leído… me lo enseñó mi abuelo. Los libros que no se leen, no tienen razón de existir. Y yo he mecanografiado miles de cuartillas que están apolillándose en los cajones.

—Ya, ya —mis disquisiciones lo aburrían—. Mira, te voy a explicar cómo suceden las cosas aquí. El gobierno nos da un presupuesto precario para operar durante todo el año. Los funcionarios debemos distribuir el presupuesto en muchas partidas y hacerlo rendir. Nunca alcanza. Se otorgan los premios principales y se realizan los eventos importantes. En otras palabras, no queda presupuesto para publicar libros de autores jóvenes. No al menos ahora... tendrías que esperar un año, tal vez dos.

—Eso me han dicho siempre que vengo. Es la misma cantaleta. Ya me la sé de memoria.

—¿Y qué has contestado?

—¡Que es una injusticia! Que merezco respeto. Gané el premio. Y el premio incluía la publicación del libro. ¿Para qué ofrecen una recompensa si no pueden otorgarla?

—¿Lo ves? Tu respuesta es errónea. Siéntate un minuto. Yo nada más te estoy haciendo el favor de orientarte —hizo una pausa para dejar clara su generosidad—. No soy la persona que autoriza este tipo de recompensas, como las llamas. Sin embargo conozco a quien podría hacerlo. Sólo necesitas lubricar un poco el engranaje de esta pesada maquinaria. Ayudar para ser ayudado.

—Yo siempre estoy dispuesto —dije todavía sin comprender. Me entusiasmaba tanto la posibilidad de hallar una respuesta positiva que mis facultades mentales se habían entorpecido—. Puedo participar en el proceso de la impresión. Revisar la tipografía y las galeras. Cotejar el estilo de cada frase.

—No nos estamos entendiendo.

—Usted dice que debo ayudar... echar aceite a los engranes... —mi voz fue bajando de intensidad hasta quedar suspendida en el abismo de la intuición—. A... a ver... ¿usted se refiere...? —ni siquiera sabía pronunciar el concepto sin que sonara ofensivo. El hombre asentía muy despacio. Quise preguntar "¿cuánto?", pero hacerlo hubiera sido como incursionar en el regateo de un soborno previamente aceptado. ¿Él y su compañero exigían a los jóvenes donativos secretos para desatorar trámites empantanados? Eso era un delito. Se llamaba cohecho y prevaricación.

El sujeto vio mi cara de asombro y evaluó la posibilidad de zafarse a tiempo.

—¡Usted me está pidiendo dinero! —susurré dándole directrices más claras.

—No, muchacho. Me entendiste mal. Jamás dije eso… El lubricante al que me refería se llama paciencia, y tu ayuda, el no molestar hasta que haya presupuesto —me miró de frente; esta vez alzó la voz con tono bravucón—. ¿Ya me entendiste? ¡Ahora retírate de este edificio al que entraste de forma ilegal, si no quieres que llame a la policía!

40

La jefa de edecanes

Salió de las oficinas gubernamentales profundamente decepcionado. Lo apretaba el peso del aprendizaje recalcitrante; lo asfixiaba la zozobra de saber que a pesar de todos los acontecimientos nefastos (alrededor de Justine, Mario, el Cacarizo, el Patrón y aún su supuesta bien amada Lorenna), él persistía en ser un tipo idealista e ingenuo.

¿Hasta cuándo dejaría atrás su estúpida candidez y aprendería que la gente era cruel?

Acudió al congreso juvenil esa tarde, no con el fin de ver a Lorenna ni escuchar las conferencias, sino para hablar con Mariscal Adalid en privado y pedirle un consejo. Estaba ávido de palabras esperanzadoras; en esos momentos asimilaría con gusto hasta las gélidas citas textuales de los hombres célebres. Lo que fuera. Lo que Adalid pudiera darle.

Se infiltró a la zona de camerinos como quien se mueve en sus terrenos. Según el programa establecido, Adalid no saldría a escena sino hasta una hora más tarde. Tocó la puerta. Nadie contestó. Giró el picaporte despacio. Estaba cerrado con llave. Iba a retirarse cuando escuchó ruidos en el interior. Volvió a tocar.

—¿Quién?

—Soy José Carlos. Necesito hablar con usted, Mariscal. ¿Puede atenderme?

—Ahora no. Regresa al rato, por favor.

El muchacho optó por hacer guardia frente a la puerta; no deseaba volver al comedor.

A los pocos minutos, salió del camerino una mujer hermosa, treintona, de formas llamativas y rostro anguloso a quien identificó de inmediato como la jefa de edecanes. La modelo se tapaba deliberadamente el rostro con sus largos cabellos. Parecía tener mucha prisa porque desapareció a grandes zancadas en unos segundos.

José Carlos no quiso hacer conclusiones prematuras. Se asomó al interior del recinto.

—¿Puedo pasar, Mariscal?

El conferenciante le dijo que sí, pero se mostró distante, abstraído y hasta evasivo. Algo estaba mal. ¿Por qué un difusor cosmopolita del poderosísimo optimismo parecía había perdido su seguridad y se comportaba como un ladrón que acaba de ser sorprendido en flagrancia?

—Oh… oh… —murmuró para sí—. Quizá por eso.

—Que bueno que vienes, muchacho. ¿Podrías traerme unos bocadillos de la cocina? Tu misión es alimentar al hambriento. ¡Ja! Hace mucho calor hoy. ¿No te parece? Revisa si está encendida la ventilación.

El joven no pudo moverse de inmediato. Si le quedaba algún indicio de vitalidad, la perdió en ese momento. ¿Quería una lección más sobre la corrupción del mundo? ¡Ahí la tenía! Su propia candidez sufría un nuevo bofetón. Esta vez más letal y definitivo. Movió la cabeza.

Desde un inició desconfió del motivador porque, tiempo atrás había tenido noticias de supuestos *triunfadores* solteros y sin hijos que daban conferencias sobre como educar a los niños, y de hombres en bancarrota (sin un centavo en la bolsa) que impartían charlas para enseñar a la audiencia a volverse millonaria. ¡La línea entre el hombre íntegro, comunicador de los valores reales y el payaso, repetidor de parlamentos ajenos, es a veces difícil de identificar! Se descubre sólo en el secreto del camerino o en ese sutil hálito espiritual que se difunde (o no) por el aire cuando el conferenciante expone sus ideas.

—¿Por qué me miras así?

—No. Por nada... Sólo pensaba... Quería preguntarle su opinión sobre el cartelón de ayer y lo que sucedió en el auditorio... Como se dio cuenta, estoy enamorado de una chica.

—Sí. ¡De Lorenna Deghemteri! La joven más influyente aquí...

—Los hombres no podemos elegir a las mujeres de las que nos enamoramos.

—Tienes razón. *Ellas* son nuestro talón de Aquiles.

De inmediato Mariscal se percató de haber dicho una frase que podía usarse en su contra. José Carlos ya no tenía energías para seguir buceando en aguas podridas. Se limitó a comentar:

—Pero da la casualidad de que usted es un hombre casado...

Mariscal Adalid se ruborizó. Agachó la mirada y comenzó a juguetear con un bolígrafo. El joven sacó fuerzas de flaqueza para ponerse de pie y salir del camerino.

Le faltaba el aire.

Se sentía como un bicho raro. Como un extraterrestre, fuera de lugar en el planeta. Siempre quiso comunicar sus más sinceros sentimientos a través de escritos; siempre soñó que sus emociones transparentes llegarían a ser dignas de publicarse; pero se equivocó. Él jamás debió centrar su vida en algo así. Todas sus decisiones pasadas le parecieron equivocadas.

Fue al merendero y se pasó el resto de la tarde por los rincones, rumiando su aflicción y limpiando las mesas con tal indolencia y languidez, que sus compañeros le preguntaron varias veces si estaba enfermo. Y lo estaba. Enfermo de pesadumbre y decepción.

Cuando terminaron las actividades del congreso esperó a que la mayoría de la gente saliera. Se quitó la bata de trabajo, y la llevó consigo.

A lo lejos vio a Lorenna; venía caminando sola por el pasillo en dirección hacia él. Se escondió de ella.

Las cosas no habían quedado bien entre los dos el día anterior. ¿Valía la pena tratar de arreglarlas?

Recordó algo.

Hizo movimientos de estiramiento para desentumecer los dedos que había mantenido astringidos por horas. Después se decidió y dio un paso hacia el corredor.

Lorenna estaba a unos metros de distancia. Tenía un semblante pálido y ojeroso.

—Hola, princesa —la saludó—, ¿cómo estás?

—Mal. Comí algo que me hizo daño. Tengo nauseas, dolores de espalda y jaqueca...

—Este congreso ha sido muy estresante. Ya quiero que acabe.

—Lo mismo digo.

—Mañana es la clausura. ¿Todavía planeas decir unas palabras?

—Sí.

—Te escribí tu discurso. Como me lo pediste. Revísalo. Puedes leerlo tal cual, o usarlo como apoyo. Tal vez te sirva.

Buscó entre las bolsas de la bata que cargaba en un brazo. Sacó el papel doblado en cuatro partes. Ella lo tomó con las uñas, como quien coge un objeto contaminado.

—¿Está mojado?

—Perdona. Lo he traído conmigo dos días. En la cocina todo se ensucia. Si quieres lo paso en limpio. El papel está húmedo, pero lo que dice es muy bueno. De verdad.

—Entiendo —Lorenna se arqueó un poco y constriñó la cara como soportando el secreto dolor de un terrible cólico—. ¡Esto tiene que parar!

José Carlos no supo si ella se refería al retortijón que la atormentaba o a la persecución fastidiosa de su pretendiente. Pronto lo dirimió. Ella se lo dijo usando frases interpoladas por progresivas horcajadas de nauseas.

Él se limitó a observar y escuchar.

Creía que después de lo sucedido en las últimas horas no podía estar más herido. Pero se equivocó. ¡Ella todavía se reservaba expresiones capaces de lastimarlo!

Entonces, y para cerrar el funesto encuentro con un suceso subliminal, Lorenna giró el cuerpo, arqueando la cabeza hacia delante y vomitó sobre la pared del pasillo.

José Carlos dio un paso hacia atrás.

La chica, oprimida por la descompostura estomacal, emitió un quejido estertóreo, se disculpó y corrió al baño.

Un empleado de mantenimiento, se acercó para limpiar el vómito.

José Carlos se dio la vuelta y caminó hacia la calle.

Estaba confundidísimo.

No tanto por la escena fisiológica de su princesa (natural, involuntaria, a la que todos los seres humanos somos propensos), sino por las últimas palabras que le dijo.

Eran tan duras que harían las veces de un parte aguas en su vida.

En efecto las cosas tenían que cambiar.

41

Creo en ti

Caminó en la calle tratando de oxigenar su cerebro. Después de dar varias vueltas a la cuadra, se detuvo en el teléfono público a la salida del World Trade Center y llamó a Salvador, su viejo amigo de la secundaria. Le contó de manera escueta todas sus frustraciones. Expelió cuan desencantado se encontraba con la vida.

Salvador se había ido a vivir a una ciudad del norte. Lo invitó a visitarlo.

—¡Ven para acá José Carlos! —le dijo—. No sabes qué hermosas son las mujeres aquí. Te vas a sorprender. ¡Olvídate de esa chava que te ha causado tantas angustias desde hace años! ¡Olvídate de la estupidez obsesiva que te persigue de querer ser escritor! Aquí hay trabajo en las maquiladoras. Se gana bien y es fácil enrolarse. Te daré alojamiento por un tiempo. Luego verás que bien te moverás por ti mismo. Tendrás dinero y mujeres a montones. Lo repito: mujeres *hermosas de verdad*.

José Carlos apuntó en un papel con escrupulosa exactitud los datos de su amigo desterrado. Después fue a su casa y se encerró en su cuarto de inmediato.

Después de dar vueltas sobre su eje descomponiendo las cobijas por horas se puso de pie y encendió la luz. Despejó la cama. Abrió el closet y comenzó a sacar ropa. Todavía tenía algo de dinero sobrante por la venta de sus pertenecías deportivas. Lo usaría para viajar hasta la ciudad de su amigo Salvador. No lo haría sin comunicárselo antes a sus padres. Pero estaba convencido de que era lo mejor. Necesitaba respirar otros aires. Explorar nuevos horizontes.

Casi a las cuatro de la mañana escuchó un rechinido y pasos en el vestíbulo. Se quedó quieto. ¿Alguno de sus hermanos había salido al baño?

Entonces la puerta de su propia habitación se abrió muy despacio. Antes de que pudiera ver al visitante, ya sabía quién era.

—¿Qué haces despierta, mamá?

—Lo mismo te pregunto a ti, hijo. Tú y yo estamos conectados. Cuando te pasa algo malo puedo saberlo *a través de las paredes*.

José Carlos guardó silencio y procuró mostrar aplomo.

—Hoy te equivocaste. No me pasa nada malo.

—¿Y esas pilas de ropa que estás organizando sobre la cama? —Su solicitud de un significado no conllevaba intención alguna de reproche—. ¿A dónde te piensas ir?

No tuvo más remedio que confesarse.

—Al norte. Por un tiempo. Con mi amigo Salvador. Quiero conocer otros lugares.

Ella lo miró sin acorralarlo a preguntas. Era innecesario. Los cuestionamientos eran evidentes. ¿Abandonaría el Comité Olímpico y la posibilidad de representar a su país? ¿Dejaría la escuela en el séptimo semestre de la carrera? ¿Desistiría de los trámites para publicar su primer libro?

—¿Qué te pasa, José Carlos? Dime la verdad.

Entonces tragó saliva y sintió como sus ojos se llenaban de lágrimas. Estaba frente a su madre. La mujer que lo trajo al mundo y le heredó los mejores atributos.

—Mamá. Estoy muy cansado. Nada me sale bien. Ya no me quedan fuerzas. Siento una carga muy pesada.

—¿A qué te refieres?

—A todo.

—¿Esa chica Deghemteri, te sigue lastimando?

—Sí, pero ya me acostumbré. Mi problema más grande es otro. Voy a cumplir veintiún años. He pasado mi juventud persiguiendo el sueño de ser escritor. Mira todos los papeles que tengo sobre la mesa. Escribí varias versiones de mi novela y nadie quiere publicarla. No tengo amigos. No tengo novia. Corrí tras un afán imposible. Yo nunca debí intentar ser escritor. No sirvo para eso. Tantos años invertidos en ello se han convertido en una carga pesadísima. Me equivoqué, mamá. Eso es todo. Déjame irme por un tiempo. Necesito replantear mis metas. Voy a regresar. Ayúdame a explicárselo a papá.

Ella sacó un pañuelo de la bata y limpió las lágrimas de su hijo con profundo cuidado y delicadeza. Después de un rato le dijo.

—Tú sabes que siempre te he apoyado. ¿Verdad? Sabes que aún en tus locuras más extravagantes, te he dado sustento. Pero ahora no voy a hacerlo, porque estás cometiendo un grave error.

—¿Por qué dices eso? ¡Trata de ponerte en mis zapatos! Imagina que dedicas los mejores años de tu vida haciendo algo equivocado. Yo no soy escritor. Nunca lo seré. He sustentado mi personalidad en un suelo falso. Tengo derecho a rectificar el rumbo. Apóyame.

—No José Carlos. Algún día publicarás tus escritos y todas las horas que has invertido se verán recompensadas. Y ese día tal vez está más cerca de lo que piensas. Sigue luchando, hijo. No te rindas. También encontrarás a la mujer adecuada, algún día, la mujer que te valorará por lo que eres y no por lo que tienes. Compréndelo. ¡Eres un gran hombre! La chica que te descubra será muy afortunada.

—No mamá —esta vez habló con la voz entrecortada; ya no podía reprimir el reflejo de sollozar—. Yo he fracasado. Nadie cree en mí.

—¡Deja de decir tonterías y mírame! —Volvió a limpiarle las lágrimas del rostro—. Mírame a los ojos, por favor.

Hizo un esfuerzo y obedeció. La observó entre velos. De forma difusa. Entonces ella le dijo unas palabras que taladraron su espíritu.

—Yo creo en ti —la frase flotó en el aire unos segundos; José Carlos se quedó muy quieto; ella la repitió—. Creo en ti...

Entonces comprendió una gran verdad. Esas palabras podrían sacar del pozo profundo al más desesperado. ¡Cuantas personas buenas después de haber sufrido humillaciones injustas por gente mordaz, o haber sido escarnecidas por circunstancias desastrosas, pierden la confianza en ellas mismas!

La seguridad de que los errores cometidos no son imperdonables y que aún vale la pena luchar y levantarse, es un aliciente imperioso para todo el que llora.

José Carlos sintió la declaración de su madre como una bocanada de aire en medio de la asfixia.

—Gracias —susurró.

—Lograrás tus sueños —siguió ella—. Aún los más difíciles y atrevidos. Y será muy pronto. Ya lo verás. Hijo, no sabes cómo me duele verte triste ahora. Quisiera poder resolver tus problemas de inmediato. Quisiera tener un amigo editor, por ejemplo, darte su tarjeta y recomendarte que vayas a verlo para que publique tu libro. Quisiera conocer a la mujer adecuada para ti y presentártela... pero no tengo esas soluciones. Sólo tengo una profunda fe en Dios; sé que nunca desampara a sus hijos más nobles y sé que en su momento te dará las oportunidades que anhelas... También tengo confianza en ti y, ven, mira, tengo estos brazos para abrazarte y sostenerte cuando las cosas te estén saliendo mal. Sin importar la edad que tengas, ¿me oyes? Puedes sentirte amado, y acompañado...

José Carlos abrazó a su madre y lloró como un niño por varios minutos.

Después ella le ayudó a recoger toda la ropa que había sobre su cama para devolverla al closet. Acomodó las sábanas y cobijas que el muchacho había enmarañado y lo recostó susurrándole al oído una bendición.

Casi, de inmediato, pudo dormir plácidamente.

42

Duerme

Prefacio

Princesa:

Hoy no fui a entrenar. Permanecí encerrado en mi habitación, hablando en voz alta y dándole vueltas a las ideas.

Hace años, cuando te conocí, me pareciste una chica increíble. Fue amor a primera vista (platónico, idealista), pero amor al fin... tú te comportaste conmigo, a veces provocadora y a veces grosera, a veces sensual y a veces repulsiva. ¡Me envolviste en un juego de cambios alucinantes! ¡Por eso te confundí con tu prima Justine y no averigüé más! ¡Por eso te lloré tanto y permanecí de luto por años! ¡Pero estás viva! ¡Causándome dolores de cabeza otra vez!

Todo tiene una explicación. He mirado mi mesa de trabajo y mi máquina de escribir con desconfianza. Indeciso de sentarme a ponerla por escrito.

Al fin me acomodé en el sillón, metí la primera hoja en el rodillo, cerré los ojos y me concentré en respirar antes de comenzar a teclear.

1

Mi doncella está lejos...
Inaccesible al viento que suspira
por apagar la luz de su cabello,
inaccesible al pálido destello

de la estrella lejana que la mira.
Inaccesible al agua que delira
por llegar a la orilla de su cuello,
inaccesible al sol y a todo aquello
que alrededor de su persona gira.

F L Bernárdez

2

Hoy el congreso toca a su fin.

Lavo el auto (aunque sé que nadie lo verá). Voy a la peluquería. Me baño y me visto con ropa especial.

Acudo a la clausura luciendo la mejor imagen posible.

Salgo temprano, pero no demasiado. Llego justo a la hora.

Para la celebración de cierre, el aula magna ha sido acomodada como recinto de fiestas. Hay adornos y globos colgados en los techos. Las sillas en semicírculo dejan un espacio abierto al centro que hará las veces de pista de baile.

Estás ayudando a dirigir el acomodo de los últimos detalles cuando notas mi presencia. Alzas las cejas y me saludas.

—¡José Carlos! —Tu asombro es genuino; das un paso atrás para revalidarlo—, ¡qué bien luces! Nunca te había visto tan elegante.

—Gracias. ¿Te puedo ayudar en algo?

—No. Ya está todo listo —me tomas del brazo y susurras—. Quiero pedirte una disculpa. Por lo de ayer… ¡Estoy tan apenada! Casi vomito sobre ti. Jamás había enfermado del estómago así.

—¿Ya estás bien?

—Sí. Sí. Me han dado medicina para ganado. Aunque creo que las vacas no saben vomitar —sonríes—, discúlpame por favor.

—Descuida; a todos nos puede pasar.

—Lo que más me molesta no es eso —tu azoramiento es real—, mentí cuando te dije que eras tan obstinado como mosca de pan-

teón y que jamás publicarías un libro porque sólo eras capaz de escribir pasquines.

Te miro con dilación.

—Recuerdo al dedillo tus palabras... Hay cosas que no se pueden borrar con una disculpa. No es la primera vez que me maltratas...

—Me haces sentir como una de esas mujeres culpables de violencia doméstica.

—Porque lo eres ¡y eso que aún no nos hemos casado!

Ríes. Luego te pones seria y dices en tono más enfático.

—Ya sé que no merezco tu perdón, pero al menos para que comprendas un poco el porqué a veces comento cosas estúpidas, déjame explicarte algo importante.

—Dime.

—¿Recuerdas lo que Ariadne dijo respecto a mí?

—¿Que eres inestable, casi una loca e indigna de confianza?

—Sí.

El maestro de ceremonias comienza a probar los micrófonos mientras el encargado de la música ecualiza los altavoces.

Te acercas a mi oído:

—Vamos a otro lado.

—Sígueme —te tomo de la mano para cruzar contigo las cortinas laterales. Llegamos por el atajo al acceso oculto de la cocina. Hay una barra donde podemos recargarnos y suficiente silencio.

—Que bien conoces los recovecos tras bambalinas.

—Gracias a una amiga que me puso a trabajar aquí.

—¿Toda la vida me lo vas a reprochar?

—Toda.

A la luz azulosa de los tubos fluorescentes, tu rostro luce sofístico, como el de una artista de televisión recién maquillada.

—Ariadne tiene razón —lo sueltas como una bomba—, soy inestable e indigna de confianza.

—No digas tonterías.

—Carlos debes saber esto: padezco el mal de Huntington. Es una enfermedad degenerativa de ciertas células nerviosas. Por lo regular quienes nacen con ella no manifiestan síntomas hasta los treinta años o más. Pero yo he tenido indicios tempranos. Alteración de la conciencia y de la realidad. Los pacientes suelen sufrir movimientos descontrolados o falta de equilibrio. Algunos dejan de caminar o de hablar. Otros mueren ahogados porque no pueden deglutir. Así fue como falleció mi madre.

—¡Pero tú no tienes ninguno de esos síntomas!

—Por lo pronto. Mi caso es especial, porque se han combinado otros factores bioquímicos. Ni siquiera los médicos saben explicarlo. Tú has visto que a veces ando de buen humor y muy cariñosa contigo… ¡Pues esa soy yo! José Carlos, ¡me siento privilegiada de tenerte cerca! Reconozco tu valor y tu inteligencia. Sin embargo, no siempre me siento capaz de manejar las emociones que me invaden; son como oleadas de irritación, como si mi mente fuera invadida por pensamientos ajenos. Entonces detesto a todos ¡a ti en especial, porque en el fondo me resulta incomprensible que me sigas queriendo! No eres el único que se queja de mi mal carácter. Puedes preguntar a mis otros amigos. Lo peor es que estoy consciente de todo. Aunque a veces, tengo ataques más profundos. Cuando me sobrevienen es terrible. Me pongo muy mal. Se me olvida quién soy y dónde estoy. Hace varios meses que no me sucede. Pero he perdido conciencia de lo que digo y hago —sonríes con tristeza—, como un borracho al que se le borra la memoria. Tienen que meterme en agua helada para hacerme reaccionar.

Tu explicación me parece surrealista, como traída de los pelos para jugarme una broma. Sin embargo pareces legítimamente angustiada.

—¿Has ido con un psiquiatra?

—He ido con médicos y exorcistas. He tomado medicinas y hierbas… —tu voz es un amasijo de aflicción—, a veces me desespero. Por eso tengo estas marcas en los brazos.

—asiento al vislumbrar la seriedad del problema. En efecto, cuando fuimos a la librería y condujimos tu auto convertible me mostraste las cicatrices queloides de tu muñeca. Las pasé por alto. Preferí ignorarlas. No te pregunté sobre la terrible circunstancia que te hizo llegar al borde del suicidio.

De súbito percibo que he sido un egoísta. Siempre preocupado por mis escritos y mi bicicleta...

—Discúlpame por nunca preguntarte.

3

Pasamos el resto de la tarde juntos.

Aún a la vista de tus amigos, pareces contenta de abrazarme, reír y susurrarme palabras al oído con una cercanía que acaba en pequeños besos.

Pasas al frente a decir el discurso que te escribí. Para mi sorpresa sólo lees algunos párrafos, ¡porque te has aprendido la mayoría! Tuviste que haber estudiado el parlamento toda la noche para lograr ese grado de memorización. Al bajarte del estrado me pongo de pie y te aplaudo, luego te doy la mano mientras desciendes los escalones. Te abrazo.

Los más extrovertidos nos vitorean.

Te excusas un momento y vas al baño.

Vuelvo a sentarme sin poder borrar la sonrisa de mi rostro.

La fiesta de clausura continúa.

Un grupo musical ameniza la velada. Algunas parejas se aprestan a bailar.

Pasan diez, quince, veinte minutos y no regresas.

Me pongo de pie y reviso el entorno. Entonces detecto el inconveniente. ¡Parece que varias personas discuten detrás de las cortinas! Percibo que se mueven. ¡Hay incluso jaloneos! Algo raro está sucediendo ahí. Varios de los jóvenes organizadores ya se dieron cuenta y corren al lugar. Quizá tú, como responsable, estés tratando de contener una situación indeseada.

Voy al sitio con intenciones de ayudarte, pero apenas me estoy acercando, se abre la cortina y pasa corriendo frente a mí una mujer que se sube al estrado. Toma el micrófono y grita:

—¡Gusanos pendejetes! —Reconozco de inmediato la voz—. Una canción de Dulce, para ustedes.

La gente comienza a gritar, más por la apariencia extravagante de tu prima que por su verdadero deseo de escuchar esa balada.

Justine es una mujer tan llamativa y sensual, que el público se enfoca en observarla. Ella le da indicaciones al jefe de sonido para que corra la pista y comienza una actuación medio erótica que roba el aliento de los hombres.

Casi no puedo creerlo. Debes estar furiosa. Logro localizarte: caminas hacia fuera dando manotazos al aire todavía discutiendo con gente del staff.

Antes de alcanzarte, miro a Justine en escena. Usa su minifalda roja y el strapless que se le adhiere al cuerpo. Mueve las caderas mientras se acaricia con una mano los glúteos y los senos. Sus contorsiones son coreadas por aplausos y gritos espontáneos.

El número es, a todas luces, fuera de contexto. Entiendo tu molestia. Se supone que estamos en el cierre de un congreso ideológico. ¿Cuál es el sumario que se brinda a los asistentes clausurando el evento con una presentación así?

Justine termina la canción y comienza otra con más bríos. Poco a poco el público joven se va acostumbrando al carácter voluptuoso de la cantante y comienza a participar de nuevo con bailes en pareja (ahora más atrevidos) al centro de la pista.

Seguro estás tratando de hacer algo para detener este circo. Voy hacia ti. Sigues al otro lado del salón hablando con la gente de seguridad. Me aproximo para darte mi apoyo. Pero cuando me encuentro a unos diez metros me doy cuenta que te he confundido. La mujer que discute con el staff es una señora cuarentona (de *tu misma complexión). Recorro el salón sin anticipar el golpe que estoy a punto de recibir.*

Me toma desprevenido.

Mis manos se agarrotan en puños de terror al momento de recibir el trallazo. Siento una especie de azote metálico sobre la frente. Pierdo el equilibrio. Estoy a punto de caerme; busco con desesperación un asidero.

Alguien cuya sola presencia es como un tifón gélido para mi entendimiento, me observa desde la puerta lateral. ¿El subconsciente me está jugando una broma de mal gusto? Camino con paso trémulo y la respiración alterada.

De pie, observando los acontecimientos está otra Justine.

Llego hasta ella.

—Hola Carlitos —me saluda—, ¿ya viste?

La Justine que tengo en frente es más baja de estatura que tú, un poquito rellenita y con busto prominente. Tiene un feo moretón en la cara, producto de la paliza que le dio su novio hace poco.

Giro para mirar hacia el escenario. Dos guardias de seguridad acompañados de un hombre alto, canoso, han subido al tablado para detener a la imitadora.

¿Tú? ¿Será posible?

—¿Cómo ves a mi primita?

El empresario, organizador del congreso, quien, por cierto también es tu padre, se ha quitado el saco y te lo ha puesto alrededor de la espalda. Abandona el escenario abrazándote ante la rechifla de los más arrebatados.

Esta vez soy yo quien me siento con ganas de vomitar.

4

No me dejan entrar a los camerinos.

Hay movimiento excesivo afuera. Gente va y viene. Los guardias hablan por los radiocomunicadores ostentando sus funciones de forma aparatosa. Aparece un médico acompañado de dos asistentes.

A lo lejos se escucha todavía el sonido gutural de la fiesta cuya rimbombancia parece no haber menguado.

Sigo asustado. Con deseos de ser un caracol capaz de retraerme dentro de mi concha o un ave peregrina capaz de emprender el vuelo hacia los más lejanos parajes de la geografía. Lo que sea con tal de no estar ahí, con tal de no haber visto lo que vi.

Tomo asiento en el suelo recargado en la pared, abrazando mis piernas encogidas. Tu conducta ha sido demasiado compleja de entender y de enfrentar.

Al fin, se abre la puerta del privado donde te atienden. Salto para verte. Sales rodeada de personas. Te apoyas con un brazo en la espalda de tu padre y con el otro en la del doctor. Arrastras los pies. Tienes el pelo completamente mojado, como si te hubiesen bañado con agua helada.

Voy detrás de la comitiva hasta el estacionamiento. Antes de que cierren la puerta del auto lujoso al que acaban de subirte, me identificas.

—José Carlos.

Las personas a tu alrededor se desconciertan.

"Acaba de hablar". "¿Qué dijo?" "¡Está recuperando la conciencia!" "Sigue hablando, Lorenna".

Levantas la mano y me señalas.

—Ven.

Camino en medio de la gente que me abre paso. Me pongo en cuclillas y me abrazas. Siento la humedad de tus cabellos (o de tu llanto) en mis mejillas. Pronto me doy cuenta que también tu ropa está mojada. ¡Quizá te metieron vestida a la regadera!

—José Carlos. Ayúdame. Tengo miedo.

—Tranquila, princesa. Todo va a estar bien.

—No te vayas. Por favor.

Permaneces abrazándome por largo rato. Cuando tratan de quitarte los brazos de mi cuello para que acabes de entrar al vehículo, te aferras con más fuerza a mí.

—No te vayas —repites—. Te necesito.

Acaricio tu cabeza con ternura y comienzo a decirte palabras cariñosas al oído. Cierras los ojos; me escuchas con avidez. Pasamos así varios minutos. Tu padre se acerca por el otro lado de mi rostro y me pregunta.

—¿Podrías acompañarnos a la casa? Sólo para que ella se tranquilice.

—Claro.

Subo al vehículo. Cierran la puerta. El chofer pone en marcha el motor y tu padre se sube en el asiento frontal. Tú y yo vamos en el trasero. Salimos del edificio. Durante el trayecto, nadie habla. Te quedas dormida en mis brazos.

Treinta minutos después llegamos a tu casa. Es una mansión intimidante.

El chofer abre la puerta y tu padre se apresta a cargarte. Lo ayudo.

El chofer va por delante abriendo el camino. Me quedo rezagado apenas entramos al vestíbulo. Supongo que irán a dejarte en tu habitación.

Después de un rato, tu papá regresa.

—¿No quieres tomar algo? —me invita—, pasa a la sala por favor.

—Gracias… ¿Lorenna está bien?

—Sí. Ya despertó. Le pedí que se diera un baño de agua caliente. Me preguntó por ti de nuevo —no puedo evitar exponer una levísima sonrisa que borro de inmediato—. ¿Quién eres, José Carlos? ¿Por qué mi hija te quiere tanto?

Tardo en contestar, pero digo la verdad.

—Soy su mejor amigo. Tampoco creo que exista otra persona, fuera de su familia, que la quiera más que yo.

—Ya veo —tu padre se rasca el mentón y toma asiento en la butaca individual. Me invita a hacer lo mismo frente a él—. Mi hija ha sufrido mucho —me explica como quien trata de justificar lo inexplicable—, cuando era una niña, la enviábamos todos los veranos a casa de su prima Justine en Irlanda. Hasta que mi esposa y yo nos dimos cuenta que la pequeña estaba sufriendo abusos físicos y psicológicos por parte de sus tíos. Como ya te imaginarás, eso ocasionó un cisma familiar. Años después también tuvimos que rescatar a Justine de aquel ambiente disfuncional. Justine ya era una adolescente cuando llegó a México. Se había vuelto rebelde y adicta a las drogas... su llegada a nuestra casa nos causó muchos problemas. Sobre todo porque estando cerca de su prima, Lorenna comenzó a tener ataques de un trastorno de personalidad múltiple o de identidad disociativo. Al principio presentó crisis muy seguidas. Cada mes, más o menos. Pero luego fue sometida a una serie de procedimientos. Su madre, en paz descanse, era muy religiosa. Varias veces la llevó a sesiones de liberación espiritual. Yo por mi parte insistí en llevarla con psiquiatras y darle medicinas. Como quiera que haya sido, respondió bien a los tratamientos. Hacía casi dos años que no le daba una crisis como la que viste hoy...

Asiento. Ahora entiendo muchas cosas.

—¿Cómo puedo ayudarla? —pregunto.

—No lo sé... Por lo pronto me gustaría que estuvieras cerca de ella.

—Cuente con ello.

(Como dirían por ahí, "de eso pido mi limosna").

—Me gustaría llevarla este fin de semana a descansar. Tenemos una casa en la playa. ¿Nos acompañarías?

—Bueno, claro, sí, ¿por qué no?

—Ven mañana a mediodía. De aquí nos iremos al aeropuerto.

5

Esa noche acudo directo a la pequeña biblioteca de nuestra casa. La hemos ido conformando a través de los años. Tenemos pocos libros pero de gran calidad.

Como me ha ocurrido otras veces que indago sobre temas de salud, el Manual Merck de diagnóstico y terapéutica, resulta ser la obra más esclarecedora. Leo lo que dice respecto al trastorno de identidad disociativo:

Es una situación en la cual alternan, en el control del comportamiento de la persona, dos o más identidades o personalidades y en la que se producen episodios de amnesia.

El trastorno de identidad disociativo es una situación grave, crónica y potencialmente invalidante o mortal.

La incapacidad de algunas personalidades para recordar información personal importante (amnesia) se mezcla con el conocimiento simultáneo de la información por parte de otras personalidades coexistentes. Algunas personalidades parecen conocerse e interactuar entre sí en un complejo mundo interior.

Éste trastorno puede encontrarse en el 3 o 4 por ciento de las personas hospitalizadas por otros problemas psiquiátricos y en una minoría de pacientes toxicómanos.

El trastorno parece estar causado por el estrés insoportable, como el haber sufrido abusos físicos o psicológicos durante la niñez y una habilidad para separar los propios recuerdos, percepciones o identidades del conocimiento consciente.

Los síntomas pueden ser similares a los de la esquizofrenia: alteraciones de la personalidad, trastornos afectivos o epilepsia. La mayoría de las personas sufren depresión, ansiedad (dificultad para respirar, pulso acelerado, palpitaciones), fobias, ataques de pánico, disfunciones sexuales, alteraciones del apetito, estrés postraumático y síntomas que simulan los de las enfermedades físicas. Son frecuentes los intentos de suicidio, así como los episodios de automutilación.

Muchas personas con trastorno de identidad disociativo abusan del alcohol o de las drogas en algún momento de su vida.

Leo varias veces el texto con un nudo en la garganta. Después consulto publicaciones distintas que sostienen otra tesis perentoria: "los ataques demoniacos producen alteraciones de la conducta y síntomas parecidos a las enfermedades psiquiátricas". Aunque el acercamiento al tema desde el ángulo religioso me parece excesivo, hallo muchos casos documentados de gente aparentemente paranoica o esquizoide, que se curó mediante la fe y sesiones dirigidas de guerra espiritual. No me atrevo a desacreditar ninguna de las teorías. Pero su contraposición me disgusta. Si ambas tienen su grado de verdad, los únicos afectados por el desaguisado de sus seguidores serán los dolientes mismos: Tal vez haya personas afectadas espiritualmente que han sido condenadas, por médicos, a vivir drogadas e inmovilizadas dentro de las celdas de un manicomio; mientras que quizá también haya personas legítimamente enfermas, a las que de manera injusta (y cruel) los religiosos han tildado de endemoniadas forzándolas a someterse a sesiones de exorcismo.

¡Las disfunciones mentales son las más vergonzosas, las más incapacitantes, las menos comprendidas; las más duramente juzgadas por la sociedad! Si alguien está en silla de ruedas por esclerosis, lupus, cáncer, lesiones cervicales o cualquier otra afección, es digno de piedad humana; incluso motiva al altruismo y a la condolencia... pero si es víctima de un malfuncionamiento de sus células cerebrales, provoca rechazo. Incluso temor. Se le

trata mal. Se le esconde. Se le denigra. Como si tuviera la culpa de su mal; como si lo hubiese elegido para detrimento de otros. Le llaman loco, demente, desequilibrado, endemoniado, trastornado, perturbado... Siempre en tono despectivo y hasta mordaz.

Todas las partes del cuerpo pueden enfermar. ¡Pero ay de aquel que padece de un desequilibrio químico en el cerebro! Pobre del que sufre algún verdadero trastorno depresivo, alimentario, obsesivo compulsivo, maniático, de bipolaridad, de déficit de atención, de amnesia, de fobia... ¡Está condenado a una lapidación! La gente puede tolerar a cualquier enfermo, pero no a un loco.

Mi princesa...

¿Es ese tu caso? ¿Has sido injustamente tratada y apartada del mundo? ¿Eres víctima del miedo colectivo a lo desconocido? ¿Te han dicho demente o poseída?

¿Por qué la sociedad se apresta a condenar todo lo que no comprende, en vez de esforzarse un poco por aprender y tolerar?

Amor, padezcas lo que padezcas yo no voy a menospreciarte.

Haré lo que esté de mi parte para ayudarte.

6

Les explico a mis padres con todo detalle lo que sucedió y ambos me escuchan sin decir palabra. Están asombrados. De forma unánime y casi sin poner condiciones me dan su permiso para viajar contigo.

A las doce del día, en punto, me presento en tu casa.

Tú misma sales a recibirme. Llevas lentes oscuros, un vestido floreado de colores pastel, y sombrero de ala ancha con moño rosa.

Sólo atino a decir:

—*Pareces el hada de un cuento.*

—*Gracias —haces una media reverencia halando el vuelo del vestido—. ¿Estás listo? ¡Vamos a descansar al fin! ¡A tirarnos en la arena y a gozar del sol!*

—Te veo muy entusiasmada por vacacionar.

—¡Sí! Lo estoy. Pero déjame contarte. Hoy en la mañana tenía una jaqueca horrible. Yo no quería salir de mi cuarto. Entonces papá me explicó que ibas a venir para acompañarnos a la playa. ¡No lo podía creer! Salté de la cama, me desayuné, y la jaqueca se me quitó. ¿Ésta es tu maleta? ¡Qué pequeña! Casi no traes ropa. ¿Te la piensas pasar desnudo por la playa? —Me guiñas un ojo y bajas la voz—, yo también.

Aparece tu padre acompañado de dos hombres; uno es el chofer. El otro parece un amigo.

—Hola José Carlos. Te presento a mi socio. Viajará con nosotros. Su esposa nos alcanzará mañana. Qué bueno que pudiste venir. Es hora de irnos.

Me sorprende que, en efecto, todos los viajantes carguen escaso equipaje. Pero me sorprende más descubrir, al llegar al aeropuerto, que no volaremos en una línea comercial, sino en una avioneta privada. Yo jamás me he subido a un avión pequeño. Te lo confieso en susurros y uso la excusa para tomarte de la mano y dejar durante todo el vuelo que me ayudes a darme valor con arrumacos.

Tu padre detecta de reojo que nos comportamos como dos enamorados, y se hace el desentendido. Habla con su socio a grandes voces en un acto fingido (que le agradezco inmensamente) para darnos privacidad.

Aterrizamos en una pista agreste de tierra junto al mar. No tengo idea de dónde estamos. En dos horas de vuelo, dudo que hayamos alcanzado las costas del Caribe, pero sin duda hemos recorrido distancia suficiente para llegar a algún lugar recóndito del Pacífico o del Golfo. Prefiero no preguntar. Opto por jugar el juego de concentrarme en ti. En tu presencia. En tu compañía. Todo lo demás es intrascendente. Sólo un escenario. Me encuentro viviendo el sueño más acariciado de mi existencia.

La casa de descanso es pequeña. De tres recámaras y una sola planta. Se halla enclavada en medio de la nada. Rodeada de vegetación, a la orilla de una pequeña bahía.

Dos aldeanos, hombre y mujer, cuidadores de la propiedad, salen a recibirnos. Han preparado agua fresca con frutas exóticas de la zona.

Me tomas de la mano para mostrarme el entorno. Es sorprendente. Nos paramos en la arena a contemplar el horizonte.

—¿Cómo consiguieron este lugar? —pregunto sin salir de mi asombro.

—Privilegios diplomáticos.

—¿Eso que se ve al frente es una isla?

—No. Es un brazo de tierra. Una península curva que nos protege del mar abierto. Le decimos La ensenada aunque técnicamente es un ancón. Ya verás. Al rato iremos allí. Tenemos un bote de remos para llegar. Sólo se puede llegar por mar. ¡Es un sitio increíble!

Nos instalamos en la casa, comemos y charlamos nimiedades. Hacemos una larga sobremesa. Tu padre y su socio nos invitan a jugar dominó con ellos. Luego se enfrascan en una discusión de política sobre la que tú y yo no tenemos nada que opinar.

—¿Quieres ir a nadar? —me preguntas.

—Claro.

Nos disculpamos. Vamos a ponernos el traje de baño. Sales después de unos minutos ocultando la parte inferior de tu bikini con un pareo largo estampado con grecas de muchos colores, anudado a la cintura, a modo de falda larga. En el torso sólo llevas el sostén del bikini negro, y en la cabeza el horrendo sombrero con moño.

—¿Vamos?

Tu padre vuelve a mirarnos de reojo. Nuestras miradas se cruzan. Lo evito. Esta vez detecto en su gesto una chispa de celos.

—Todavía es temprano —calculas—, podemos remar a la ensenada. De ida será un poco difícil porque iremos contra corriente. Tardaremos al menos media hora en llegar, pero de regreso será rápido. La corriente nos ayudará a recorrer la distancia en menos de quince minutos. ¿Te animas?

—Por supuesto —pero luego me muestro precautorio—. ¿Es seguro? ¿Tu padre no se molestará?

—Claro que es seguro. Él inventó este paseo.

—No me refiero a eso. Sino a que vayamos solos.

—Descuida. Estaremos a la vista. Quizá mi papá nos observe con sus binoculares. Y no haremos nada malo. Sólo nos tiraremos a tomar el sol.

Tu plan me tranquiliza y me decepciona a la vez. No sé por qué se me había metido entre ceja y ceja la promesa juguetona que me hiciste esta mañana cuando llegué a tu casa ("casi no traes ropa ¿te la piensas pasar desnudo por la playa?, yo también"). Pero ahora comprendo que fue una broma.

Comenzamos a remar.

El ejercicio es tan extenuante que nos roba el aliento y nos impide charlar.

Tus cálculos resultan casi exactos.

—Qué fácil es decir "remaremos media hora" —me quejo—, lo difícil es hacerlo.

Jalamos el bote hasta la zona seca de la playa y nos encorvamos para recuperar el aliento. Luego levantas la mano y saludas hacia la casa suponiendo que tu padre nos estará devolviendo el saludo. Pero la construcción se ve pequeña y yo no alcanzo a distinguir a nadie.

Te quitas el pareo para ponerlo sobre la arena a manera de tapete y te tiendes boca arriba sobre él; me invitas a recostarme a tu lado.

—Estoy agotada. Mental y físicamente. Quiero descansar en la paz de este paraíso. No te extrañe si me quedo dormida.

Miro alrededor. La escena es acuática, como la del lago al que fuimos en tu convertible hace unas semanas, pero mucho más paradisiaca, como me lo advertiste aquella vez. Se trata de una playa desierta, sólo visitada por parvadas de pelícanos que se dejan caer en picada para pescar en esas aguas quietas y poco profundas.

Te miro tendida boca arriba. La sombra de una palmera nos cubre del sol que ha comenzado a declinar.

Has dejado tu sombrero a un lado.

Sin entender por qué, estoy temblando. Todo esto me parece inverosímil. Creo que es un sueño; y si lo es, no quiero despertar. Siguiendo la tradición, me pellizco para comprobar que vivo una realidad.

Me acuesto junto a ti.

Miro al cielo.

Busco tu mano. La encuentro lánguida. Como si en efecto te hubieras echado a dormir. Entonces simulo que mis dedos se vuelven pequeñas hormigas caminando por tus brazos. Observo tu reacción. No te inmutas. Continúo mi juego dactilar atreviéndome a saltar a tus muslos y rodillas; ahí me quedo un rato, para después volver a subir a tus codos, cabeza y cuello…

Te remolineas un poco sin abrir los ojos.

—Deja de hacerme cosquillas. Quiero dormir.

Sé que estás fingiendo. Por supuesto que no quieres dormir. No podrías en estas circunstancias. Sabiéndome despierto junto a ti. Sabiendo que te contemplo indefensa, tendida bajo el escrutinio cariñoso de mi mirada. Comprendo que tal vez es eso lo que deseas. Que te observe. Que te disfrute. Quizá sientes placer al saberte admirada y yo no tengo objeción en darte gusto.

—Duerme entonces —te susurro al oído; luego me separo un poco y comienzo a decirte en voz muy baja ese poema de Gustavo Adolfo Bécquer que tanto amo; el autor no pudo imaginar un mejor escenario al escribirlo.

7

DESPIERTA, tiemblo al mirarte;
DORMIDA, me atrevo a verte.
Por eso, alma de mi alma,

yo velo mientras tú duermes.
DESPIERTA ríes, y al reír tus labios
inquietos me parecen
relámpagos de grana que serpean
sobre un cielo de nieve.
DORMIDA, los extremos de tu boca
pliega sonrisa leve,
suave como el rastro luminoso
que deja un sol que muere.
¡DUERME!

DESPIERTA miras, y al mirar tus ojos
húmedos resplandecen,
como la onda azul en cuya cresta
chispeando el sol hiere.
Al través de tus párpados, DORMIDA,
tranquilo fulgor vierten,
cual derrama de luz templado rayo
lámpara transparente.
¡DUERME!

DESPIERTA hablas, y al hablar, vibrantes
tus palabras, parecen
lluvia de perlas que en dorada copa
se derrama a torrentes.
DORMIDA, en el murmullo de tu aliento
acompasado y tenue,
escucho yo un poema que mi alma
enamorada entiende.
¡DUERME!

Sobre el corazón la mano
me he puesto por que no suene
su latido y de la noche
turbe la calma solemne.
De tu balcón las persianas
cerré ya, por que no entre
el resplandor enojoso
de la aurora y te despierte.
¡DUERME!

8

Me he acercado tanto a tu rostro y a tus labios susurrando el poema, que son ahora mis labios los que ejercen un suave tacto sobre tu piel.

Comienzo a llenarte de besos diminutos; para mi sorpresa mantienes los ojos cerrados. Procuro no ser brusco. Procuro que el contacto de mi piel con la tuya te resulte placentero. Mi mente se ha concentrado en una sola idea. No quiero hacer nada que te disguste. O mejor dicho, en cualquier cosa que hagamos (hoy o mañana) mi prioridad será siempre que te sientas cómoda, y seas tú la que disfrutes primero. Considero que si dos amantes se quieren de verdad, no tienen prisa en tocarse. El erotismo en una pareja que se ama está implícito en el alma de ambos; forma parte de su esencia y se va dibujando despacio, con el deleite extremo que sólo se goza al saborear, segundo a segundo cada instante, sin caer en la desesperación de hurtar lo que ya es de ellos. Sabiendo que las cosas sucederán a su tiempo y que cada micra de avance es digna de admiración y disfrute…

Contemplo tu cuerpo dúctil, espigado; con una cintura estrecha que le hace resaltar la generosidad de los extremos: Tus caderas sin ser irreverentes, denotan una sobrada potencialidad tanto para la concepción y el alumbramiento como para las más osadas posiciones amatorias. *Tus pechos, sin ser descomedidos, cumplirían de igual forma el quehacer de la lactancia con dignidad, y el de llenar por completo el cuenco de unas manos anhelosas. En tu geometría, resalta sin duda un vientre planísimo y unas piernas largas (ligeramente musculosas), de piel blanca, recién rasurada y perfumada.*

Recordé las palabras de Luis Bernárdez.

Tu casi celestial topografía
alza la claridad de su estructura,
dando cuerpo de paz y de dulzura
al alma de la eterna poesía.

Y hace que, confundidos y abrazados,
la letra y el espíritu inflamados
unan su voluntad y su poder,
para vivir en el espacio frío
y en el tiempo dramático y sombrío
con la luz y el calor de un solo ser.

En el juego de pequeños besos, aprovecho para gozar el aroma límpido que emanas. Hueles a blancura, a jabón, a mujer limpia.

Interpreto tu inmovilidad como un permiso para seguir explorándote, así que muevo mi cara sobre tus senos, aunque no los toco, y llego hasta tu vientre. Ahí me detengo a contemplarte y olerte.

El leve soplo de mi respiración turba tu piel. Lo noto al instante. Tus vellos y poros se erizan.

Comienzo a canturrear cuchicheando una balada de Camilo Blanes.

Con el alma entre los dientes
con la fe de un invidente
con un soplo de ansiedad

Puedo dibujar a oscuras
beso a beso, tu figura
cada rasgo de tu piel.

Cada línea, cada arruga
allí sombra, aquí blancura
El sabor de cada poro
Se hace lágrima a mis pies

Regreso mi rostro hacia tu cara franqueando tus pechos muy despacio. Esta vez, en mi paso, me atrevo a rozarlos con la barbilla. Luego hasta tus labios y me detengo ahí. Mi respiración es rápida, casi jadeante. Trato de controlarme. Todos mis instintos se han erizado. Adivino que los tuyos también. Entreabres un poco los labios mostrando parte de tus dientes.

Entonces te beso.

Dejas de fingir que estás dormida y levantas los brazos para ponerlos alrededor de mi torso; el tiempo se lentifica. Ejerzo mayor presión y movimiento en el beso. Y mi mano vuelve a tomar partido en el procedimiento. Se dirige a tu vientre, a tu cintura y luego, muy despacio sube hasta toparse con el sostén del bikini.

La detengo ahí unos segundos.

Nuestro beso se hace más intenso. Ahora involucra la locura de las lenguas que se tocan y se repliegan y se exploran y se esconden. La exultación me hace perder el juicio; dejo que mi mano siga subiendo pegada a tu cuerpo y levantando poco a poco la tela del sostén, hasta que la prenda queda fuera de su sitio. Jamás había tocado, más que por accidente, los pechos de una mujer. Me acerco a los tuyos con timidez. No imaginé que ese contacto me sería tan hipnotizador.

Como ya no puedo contener el movimiento de mis manos ni la fuerza de mi beso, te pones un poco tensa y haces un ademán de moderación.

Me esfuerzo por recuperar la calma.

—Espera —dices jadeando con voz muy baja—. Mi padre nos puede ver.

Te colocas el sostén del bikini en su sitio y te levantas para echar a correr.

Te sigo sin voltear atrás. Sin atreverme a comprobar el cuadro que mis pensamientos crueles me han dibujado en la imaginación: a tu padre con una mano en la cintura y la otra en los binoculares.

9

Llegamos corriendo hasta una zona de la ensenada donde se pierde de vista tu casa.

Te echas a nadar frente a mí. Das algunas brazadas hacia el mar abierto. Me asombra que a pesar de haberte alejado unos cien metros, cuando detienes tu ejercicio y te yergues, pareces seguir tocando el fondo. O tal vez es mi imaginación y eres muy buena nadadora. Tanto que aparentas caminar cuando flotas. Entonces haces algo que me deja pasmado (no bromeabas cuando me dijiste que planeabas pasearte sin ropa). Sumergiéndote unos segundos te pierdes de mi vista y vuelves a salir con las prendas del bikini en las manos. Arrojas al mar primero una, luego la otra.

Lo que fue un traje de baño se ha convertido en dos trapos a la deriva que flotan unos segundos antes de hundirse.

¿Qué estás haciendo?

No puedes arriesgarte a perder la ropa. ¿Qué te pondrías después? ¿Cómo regresarías a casa?

Tu acto me hace comprender que el fondo sobre el que te encuentras no debe ser profundo, ¡pero eso no nos exime de alguna corriente submarina que podría mover o desaparecer tu bikini!

Te tiendes boca arriba sobre el agua y permaneces quieta, flotando.

Camino hacia ti dando pequeños saltos para contrarrestar la resistencia del agua y te contemplo sin ropa con el mismo extasío que debió embargar a Acteón cuando sorprendió a Artemisa en su baño.

Susurro.

Desnuda se baña Diana
juega y descansa en la fuente
cuando Acteón de repente
observa de forma liviana.

Aviva un viento sereno
el sentir en sus fieles náyades
¡terrible sino en la Hélade
de locura y desenfreno!

Me echo a nadar. Unos tres metros antes de llegar hasta ti, me detengo para no importunarte con mis salpicaduras. En efecto el fondo debe tener entre un metro y medio y dos metros de profundidad. De modo que a veces se puede alcanzar de puntitas y a veces se precisa saltar para tocarlo.

Me quito el bañador también. Lo arrojo al agua para que iniciemos el juego de bucear desnudos tratando de recuperar la ropa.

Te has erguido dándome la espalda y contemplas a los pelícanos que cada vez se acercan más a nosotros.

Recupero la distancia que me separa de ti y te abrazo. Ya no tengo cuidado en omitir el roce de tus senos desnudos. Como me he quitado la ropa también, no puedo evitar que mi masculinidad se torne excesiva al contacto de tu piel.

Pero te pones rígida al sentirme y giras hacia mí como si estuvieses a la vez asustada y sorprendida de mi contacto. Me miras con unos ojos profundos, oscurecidos por la sombra de las cejas duramente fruncidas. Tu boca también ha tomado un sesgo arrugado. Un escalofrío electrizante me recorre la piel cuando te escucho decir con una voz más ronca.

—¿Qué haces, gusano pendejete?

10

Me voy de espaldas, sin querer trago agua y toso.

—Lorenna —te digo en un tono casi suplicante—, soy yo. José Carlos —y reitero sin escollos— y tú eres Lorenna. No Justine.

—Lárgate de aquí, imbécil. ¿De dónde saliste? No se te ocurra acercarte a mí o grito.

Un torrente de aversión me produce cortos circuitos en las neuronas, dejándome atontado.

—Mira dónde estás —insisto con tono suplicante—, es la ensenada. Frente a tu casa de playa. Vinimos remando juntos.

—¡Apártate de mí, maldito animal! No quieras confundirme.

Echas a nadar de vuelta a la playa.

Como por arte de magia pierdo toda la excitación. Llegas a la arena y caminas hasta una palmera. Pareces buscar algo en su corteza, después arañas el árbol con las uñas, y te quedas quieta. No puedo comprender lo que te pasa. Giras el cuerpo y (hasta entonces) pareces darte cuenta de que estás desnuda. Caminas hacia el pareo. La única pieza de tela que hay a la redonda. Te envuelves en él de forma burda y caminas hacia una zona no explorada (al menos para mí) de la playa.

Me asalta una oleada de furia y desesperación. Golpeo el agua con el puño. Pataleo. Grito, maldigo, lanzo alaridos de rabia.

Observo que los rayos de sol se han hecho casi horizontales. En menos de una hora oscurecerá.

Recupero poco a poco la sensatez y me dedico a buscar bajo el agua los trajes de baño.

Mi Short aparece casi de inmediato, pero tu bikini, no. Me sumerjo una y otra vez hasta que por fin encuentro las bragas. Tiempo después, cuando ya estoy a punto de darme por vencido, encuentro el sostén.

Nado hacia la orilla. Me pongo el short y camino por la playa gritando tu nombre. A lo lejos justo en el rellano más alejado de la caleta veo tu pareo. Corro.

No estás por ningún lado.

Vuelvo a llamarte a grandes voces.

Entonces me doy cuenta de que algo lejano se mueve en el agua. Es una persona. Eres tú. Muy apartada de la orilla. Por la distancia me cuesta trabajo entender adonde te diriges. Pero cuando distingo que tu figura se hace cada vez más pequeña, comprendo que estás nadando en sentido contrario de la playa. ¡Internándote en mar abierto!

—¿Qué haces? —te grito—. ¡Lorenna! Regresa. Justine. Como quieras que te llame. ¡Es tarde! —luego bajo la voz y digo mientras corro hacia el bote de remos para pedir ayuda—. Esto no está bien. No está bien. Dios mío. ¡Esto no está bien!

Epílogo

La búsqueda se inicia cuando ya ha oscurecido por completo. Un helicóptero de la marina con potentes reflectores toca tierra frente a la casa provocando que miles de partículas arenosas se dispersen erráticamente.

Tu padre y su socio corren a la aeronave y saludan al piloto por su nombre. No me invitan a acompañarlos. Tampoco me ofrezco.

Las posibilidades de éxito en esa búsqueda son casi nulas.

Me cubro el rostro al tiempo en que el helicóptero vuelve a alzar el vuelo; sólo vislumbro las ínfimas y multiformes hondas *provocadas por el viento de las hélices labradas en la superficie vibrante del agua.*

Cuando el ruidoso aparato se ha alejado, levanto la vista y observo con placidez algo que flota: tu pareo de colores.

Al bajar del bote lo empujé sin querer hacia la arena con un remo. Pero la marea lo reclamó. Como es de tela muy fina, no se ha hundido. Navega muy despacio en dirección a donde seguramente ya duermes.

Sobre el corazón la mano me he puesto
porque no suene su latido y de la noche turbe la calma solemne.
DORMIDA, en el murmullo de tu aliento, acompasado y tenue,
escucho yo un poema que mi alma enamorada entiende.
¡DUERME!

43
Te lo advertí

José Carlos metió las hojas en un folder y echó la cabeza hacia atrás para estirar sus vértebras.

Muy despacio, oprimido por el sofoco que le causaba la confusión de sus sentimientos, acomodó las hojas y les echó un último vistazo antes de engraparlas para meterlas a un sobre.

No las enviaría al destinatario sin fotocopiarlas. Deseaba conservar el testimonio para sus archivos y tal vez compartirlo con la pecosa. Ella mejor que nadie lo entendería.

Alguien llamó a la puerta.

—Adelante —contestó.

Era su madre.

—Te habla por teléfono un tal Mariscal Adalid (que nombre tan raro). Van dos veces que llama, pero no quise interrumpirte porque me acerqué a tu puerta y escuché el ruido de tu máquina de escribir —condescendió—, a los artistas hay que dejarlos solos cuando se inspiran.

—Gracias, mamá.

Sin entusiasmo, casi de manera perezosa, como si tuviera polainas de acero en los tobillos, se incorporó y fue a la salita de estar.

—¿Hola?

—José Carlos. Habla Mariscal. ¿Estás bien? Ya no te he visto.

—Estoy vivo. Y la vida es lo más valioso que tenemos.

—¡Me gusta tu respuesta!

—Anótela —respondió desganado pero cáustico—. Su especialidad es recopilar lo que otros dicen para después repetirlo.

—¿Estás enojado conmigo, verdad?

—Enojado, no. Usted me ha enseñado cosas muy valiosas. Buenas y malas.

—De eso quiero hablarte. Me preocupó adivinar tu extrema sensibilidad a temas del diario vivir.

—¿Se refiere a temas como la falta de respeto a la mujer que uno ama, la infidelidad, la promiscuidad; ah, y, se me olvidaba, el hecho de dar mensajes al mismo tiempo sobre virtudes humanas?, sí, creo que soy muy sensible al respecto.

—Ay, muchacho —el conferencista suspiró y quiso sonar indulgente—, eres buen chico, pero vives en un mundo de fantasía. Me gustaría platicar contigo. Si me lo permites.

—Cuando quiera —en realidad le daba igual.

Quedaron de verse al día siguiente.

Colgó y se quedó mirando el teléfono por un largo rato. Después levantó el auricular, despacio. Marcó el número de Ariadne.

Ella contestó.

—Hola, amiga. Necesito verte.

Lo reconoció de inmediato.

—¿Cuándo?

—En este momento. ¿Puedes recibirme?

—Te espero.

Un hombre calvo de extrema delgadez le abrió la puerta.

—¿Se encuentra Ariadne?

—Pasa, José Carlos.

Percibió en los ademanes del anfitrión un mensaje de rechazo y tolerancia forzada. Era de esperarse. Todos en la familia de Ariadne se habrían enterado, tanto de la fascinación de la chica por su amigo escritor, como del rechazo tajante que él le propinó.

—Toma asiento. Voy a llamar a mi preciosa hija.

Dijo el último enunciado con un énfasis excesivo, como si quisiese advertirle entre líneas: "atrévete a lastimarla y te partiré la cara".

José Carlos aprovechó para mirar los cuadros de la repisa; eran los mismos, pero todas las fotografías en las que él aparecía habían sido retiradas.

Ariadne llegó vestida con un camisón de guarniciones barrocas.

Sus movimientos eran cautelosos.

—Disculpa las fachas. Pero ya me iba a dormir.

—Discúlpame tú a mí por venir a esta hora.

—Algo malo habrá ocurrido.

—Sí...

No sabía por dónde empezar. Ella le ayudó.

—Lorenna te partió el corazón, otra vez... —no era una pregunta.

—¿Por qué siempre tienes la razón?

—Carlos, yo nunca quise hacerte daño, ni mentirte. Mis advertencias tenían fundamentos.

—Ahora lo sé.

Desde la recámara principal llegaba el sonido de una televisión encendida que transmitía el noticiero nocturno.

—Lorenna nunca fue el tipo de mujer que podía apreciar los sentimientos de alguien como tú.

—Qué simple conclusión.

—¡Te la dije desde un inicio! Sólo que no me escuchaste. Estabas obsesionado con volver a encontrarla y conquistarla.

Él se sentía inapetente de polémicas. No pretendía discutir. No esa noche.

—¿Sabes Ariadne? —Su voz sonaba lánguida, como la de un paciente recién salido de terapia intensiva—, yo pensé que ella estaba enferma. Tú me lo dijiste, o al menos así lo entendí. Recuerdo que incluso comentaste tu sospecha de que sufría una especie de bipolaridad y a veces se comportaba como Justine.

—Eso fue antes de saber sobre la existencia de su prima.

—Sí. Sí. Déjame llegar al punto.

—Te escucho.

—Desde el inicio, yo decidí que podía (y debía) ayudar a mi novia si estaba enferma. Me consideré capaz de darle la mano a una pareja con trastornos físicos y hasta mentales, incluyendo los provocados por el uso de drogas. Fue una especie de reto personal. Siempre enarbolé la idea de que amar fortalece (y amar es brindar soporte a quien quizá no se lo merece). No sé si me explico. Yo quería ser *fuerte por amor* —la pecosa mantenía una expresión confusa—. Lo que trato de decirte es que podía brindar cariño a una chica enferma, pero no a una altiva, creída, despreciativa, soberbia y tonta…

—¿Qué rayos te hizo?

Alguien apagó el televisor de la recámara principal y se hizo el silencio absoluto.

—Ayer —reveló en un tono de confidencia—, a la salida del congreso, le di una hoja doblada con el discurso que redacté para que dijera en la clausura. Ni siquiera lo abrió. El papel estaba un poco mojado. Entonces comentó: "Seguramente si eres tan descuidado en la presentación de tus escritos, serás igual en el contenido; ya sabes que soy muy directa; la apariencia de las cosas representa su esencia; tal vez no has podido publicar nada porque sólo eres capaz de escribir pasquines".

Ariadne tenía una mueca de extrema estupefacción.

—¿Eso te dijo la… —detuvo la frase para buscar el mejor adjetivo—, desgraciada?

—Pero no fue todo —José Carlos siguió como si se estuviese quitando una válvula de presión—; le pregunté si me daría la oportunidad de invitarla a cenar. "Ya que no te gusta leer", le dije, "dame una cita, en la que no tengas prisa, para que pueda leerte en voz alta algunas cosas que he escrito para ti". Se irritó. Aunque, la verdad, ya venía irritada desde antes. Tenía dolores estomacales. Me contestó: "Eres tan obstinado como mosca de panteón; déjame decirte una cosa que no sabes. Apenas termine el congreso, pienso regresar a Estados Unidos con mi novio". Interrumpió su arenga para encorvarse; los cólicos no la dejaban en paz. "Voy a contártelo de una maldita vez" entre gemidos lo dijo: "Estoy embarazada; tengo diez semanas de gestación". Entonces vomitó.

Ariadne cerró los ojos y se llevó ambas manos a la cara. La historia le resultaba demasiado grotesca para ser tomada a la ligera.

—¿Y... y... qué hiciste?

—Nada. Me alejé. Le hablé a Salvador y le pedí sus datos para viajar a la ciudad donde ahora radica. Quería olvidarme de todo. Comenzar otra vida en otro lado. Después fui a mi casa y lloré. Estaba preparando un equipaje, cuando entró mi madre a la habitación. No pude contarle lo que me había sucedido. Pero sus palabras y caricias me ayudaron a salir del fango en el que estaba a punto de ahogarme. Me empujó a seguir escribiendo. ¡Eso hice! Hoy en la mañana me levanté a trabajar. ¿Sabes Ariadne? Los novelistas soñamos cosas... imaginamos. Nos encanta sugerir mejores finales para las películas que vemos (por eso mis hermanos detestan ir al cine conmigo). De niño, decía mentiras creativas y exageraciones tan elaboradas que la gente se quedaba con la boca abierta. Pero para mí era un ejercicio de supervivencia. A todo lo que no me gusta siempre le busco otro final.

—¿Qué escribiste ahora?

José Carlos tomó el sobre y se lo dio.

—Es un cuento en forma de carta. Tiene diez capítulos, prefacio y epílogo. Se llama *Duerme*.

—¡Un cuento! ¿Podemos enviarlo al concurso internacional al que te inscribí?

—No lo creo —meditó un par de segundos—. Te lo dejo. Son cuartillas originales.

—Entiendo. Lo leeré y te lo devolveré.

—Se lo quiero dar a Lorenna.

Si la pecosa tenía algún reproche o resabio, no fue necesario externarlo. Tampoco consideró prudente emitir un "te lo advertí". Todo se daba sobrentendido.

—Perdóname Ariadne —se despidió con voz macilenta—. Jamás debí desconfiar de ti.

—No te preocupes. Todos los días aprendemos algo.

44

Naucalli

A la mañana siguiente acudió al parque Naucalli, donde se citó con Mariscal Adalid. Lo movía más la curiosidad de conocer mejor al extravagante orador, que el interés de permitirle desagraviarse.

Se encontraron en el punto convenido a la hora exacta.

—Sé que eres atleta. Por eso te invité aquí: para que trotemos juntos.

—Soy ciclista de velocidad —aclaró José Carlos—. Me tienen prohibido correr a pie; el ejercicio de impacto afecta mis capacidades.

—Entonces caminemos. ¿Qué te parece? ¿O prefieres sentarte en una banca a charlar?

—No es para tanto. Claro que podemos caminar.

—¿Por qué no fuiste a la clausura del congreso?

—Preferí quedarme en casa a escribir. Lo uso como terapia.

Se adentraron en un sendero bordeado por setos de boj. La frescura matinal invitaba tanto a las confidencias como a la inhalación acompasada.

—No te perdiste de nada digno. La ceremonia fue muy aburrida.

—¿Lorenna Deghemteri dijo algún discurso?

—No. Ella tampoco asistió. Creo que se sentía indispuesta.

—Lo imagino —y quiso agregar que el embarazo es a veces agresivo para las primerizas, pero se contuvo; todavía se consideraba un caballero—. ¿Y usted, dio su conferencia de despedida?

—Claro. Fue un cierre triunfal.

El joven se molestó por el comentario. ¿Acaso ese hombre no tenía conciencia?

—¿Por qué quería hablar conmigo?

—Porque te vi muy enojado cuando descubriste que la jefa de edecanes y yo mantenemos una relación.

—No tiene que darme explicaciones. Cada quien hace con su vida lo que le place.

—Por supuesto, aquí el problema no soy yo ni trato de excusarme. Mi interés es brindarte armas para que puedas defenderte de las decepciones amorosas. Vi la forma en que le hablaste a Lorenna por micrófono después de colgar ese cursi cartelón en el auditorio. Detecté tu romanticismo terco y adiviné que tarde o temprano saldrías lastimado.

El conferencista había logrado captar su atención.

—Lo escucho.

—Los temas de pareja no se deben idealizar.

—Usted tiene dos hijos.

—Aun así, he aprendido a ser práctico. Les doy a mis hijos afecto, atención y buen ejemplo. Sin embargo, yo no soy esclavo *de ellos*; no daría la vida *por ellos*; no me permito sufrir a causa *de ellos*. Aunque mi ideología suene egoísta, es la forma de pensar más sana para todos, incluso *para ellos*.

—¿Y qué me dice de su esposa?

—Ella y yo tenemos convenios adultos. Nuestra sociedad conyugal ya no está lastrada de romanticismo inútil. Vivimos juntos porque a los dos nos conviene, pero cada uno tiene sus libertades. ¡Como debe ser en toda pareja!

—Ah. ¿Y ella está de acuerdo que usted se acueste con otras mujeres?

—Sí. Y yo le doy dinero para su manutención. Claro. Al principio de nuestro matrimonio pensábamos diferente. Creíamos que el amor lo resolvería todo. ¡Pero con el tiempo nos dimos cuenta que éramos muy distintos! Yo me hice famoso. Comencé franquiciando a Napoleón Hill, y pronto me independicé. Soy el típico caso del alumno que supera al maestro (modestia aparte). Recibí contratos de compañías transnacionales para congresos y programas de adiestramiento. Mientras tanto, mi esposa se quedó estancada, obsoleta, dedicada a los niños, al aseo de la casa, a la cocina y a encontrar razones para quejarse todo el día. Las tareas hogareñas la abrumaban, pero no hacía nada por ella misma. Carecía de autoridad y fuerza de carácter para educar a los niños. Era yo quien tenía que llegar a poner orden. Ella me exhibía ante ellos como el ogro. Era tan inepta que les hacía las tareas escolares. Un día, recuerdo, por ejemplo, llegué de viaje y hallé sobre la mesa dos maquetas que había armado para que nuestros hijos las presentaran como de ellos. Le dije:

"—Acabo de visitar siete ciudades. En todas las plazas la gente aplaudió de pie. Soy un anunciador del poder humano. Así que no voy a permitir que nuestros hijos hagan trampa en la escuela...

"Mi esposa empezó a gritar obscenidades. Comenzó a destruir las maquetas con movimientos efervescentes. Hizo pedazos los forros, dobló los cartones, arrancó los letreros y pisoteó los residuos de lo que minutos antes habían sido impecables proyectos escolares. Luego aventó las cosas.

"—¿Satisfecho?

"No respondí. Fue hasta los muebles donde tengo arreglados mis libros y comenzó a tirar todo al suelo.

"—¿Satisfecho? —insistió.

"—Estás mal de la cabeza —murmuré.

"—Sí. Ve y dile al mundo que eres perfecto, pero te tocó cargar con una esposa llena de defectos...

"Tomé mi maleta y le advertí que me iba a ir de nuevo.

"—Pues lárgate —contestó—, en esta familia no te necesitamos. Si alguien me pregunta, le diré al mundo que el gran motivador es un hipócrita.

"Observé la puerta entreabierta de las recámaras. Mis hijos estaban escuchando. Entonces decidí quedarme. No le daría el gusto de desacreditarme. Eso sucedió hace cinco años. Desde entonces, mi esposa y yo no tenemos relaciones íntimas. Ella se cerró como una tapia. Aceptó guardar las apariencias a cambio de dinero. Es una mujer práctica. Buena madre y ama de casa, pero no buena amante (nunca lo fue). Yo decidí seguir ascendiendo por la escalera del éxito. Soy un triunfador. Le pese a quien le pese; siempre lo he sido y siempre lo seré.

José Carlos fue disminuyendo el ritmo de su marcha hasta detenerse por completo. El relato de Mariscal Adalid le había causado un fárrago de pensamientos caóticos. Optó por sentarse en una banca adyacente al sendero junto a los setos de boj. Mariscal se sentó junto a él.

—¿Su esposa le fue infiel?

—Hay muchas formas de infidelidad. Es tan grave obsesionarse con los cuidados de la casa y olvidarse del esposo, como acostarse con un extraño.

—Lo dudo —alcanzó a contestar—, no estoy de acuerdo.

—Mira, chavo. Yo vine aquí a ayudarte. Has sufrido demasiado. A mí me pasó lo mismo cuando era un idealista. Si estás dispuesto, voy a cambiarte la vida.

45
Filosofía contradictoria

—¿Necesitas dinero? ¿Quieres ser popular y ser tratado con respeto? ¿Te gustaría ser correspondido por las mujeres que te interesan? ¡Entonces, vuélvete más agresivo! Saca el poder que tienes escondido. ¿Me dijiste que escribes como terapia? ¡Con todo respeto esas son estupideces! La poesía es para gente débil. ¿Cuándo has conocido a un poeta millonario? Los bohemios se suicidan. Los trovadores le cantan al amor que no viven. Deja de ser el "buen chico" y conviértete en el "conquistador agresivo". El mundo es tuyo. ¡Reclámalo!

José Carlos trató de detener la metralla con una objeción débil.

—En casa me han ensañado a acatar ciertas normas morales. A respetar las tradiciones de la fe.

El comentario enfureció al orador.

—Pues córtate el cordón umbilical. La religión es el opio del pueblo y el amor idealizado es una imbecilidad imperdonable. ¡Y, carajo! Deja de hablarme de usted. Tutéame. ¡Saca el carácter! ¡Date cuenta que en esta vida dependes de ti! ¡Sólo de ti! Séneca dijo: «La religión es verdadera para pobres, falsa para sabios, y útil para dirigentes». ¿Quieres ser pobre?, síguela. ¿Quieres ser sabio?, recházala. ¿Quieres ser líder y millonario?, úsala a tu conveniencia. Szandor LaVey dijo: «Conviértete en el temor de tu adversario, de este modo te harás respetar en todas las esferas de la vida, y tu espíritu vivirá, no en un paraíso intangible, sino en el cerebro y en las fibras de aquellos cuyo respeto has conquistado. El que ofrece la otra mejilla es un cobarde. Devuelve golpe por golpe, desprecio por desprecio, ruina por ruina,

¡y devuélvelos con interés del ciento por ciento!». Sé que todo esto te puede escandalizar, porque has sido un ingenuo, encerrado en tu mundo de poesía, pero ¡ya es hora de que despiertes! José Carlos yo pude detectar tu gran inteligencia. Por eso estoy aquí contigo. Diciéndote cosas que sólo les digo a pocos.

El joven evaluó en silencio el supuesto privilegio y en un último intento de defenderse, como el animal agonizante que gime antes de expirar, dijo:

—Yo tengo valores. Quiero decir, virtudes y buenas intenciones.

—¡Por eso has sufrido tanto! ¡Por eso las mujeres te hacen como trapo y te vomitan encima!

—Eso fue un accidente.

—Quizá, pero muy significativo ¿no lo crees? Todo el mundo se enteró. ¿Quieres ser visto como el típico *gusano pendejete,* o estás dispuesto a salir del hoyo social en que te encuentras y brillar?

En medio de la arbolada José Carlos tuvo la contradictoria sensación de que los eucaliptos se inclinaban hacia él y setos se cerraban para atraparlo.

—Necesito correr.

—Dijiste que te hace daño.

—No me importa.

Arrancó en una carrera intensa buscando que el corazón bombease sangre a cada músculo de su cuerpo y el cerebro sulfurado se estabilizase con la fatiga.

Recordó las enseñanzas de su padre.

La integridad del hombre se ve en lo privado: sus prácticas sexuales, sus tesoros secretos, su trato a los seres que ama... Sólo en la vida íntima se desenmascara al moralista hipócrita o se descubre al verdadero hombre de bien.

En diez minutos llegó al final del sendero y regresó trotando por el mismo camino.

Mariscal Adalid venía corriendo a su encuentro. Se sentó en una banca de metal a esperarlo. Jadeaba.

—¡No te vi ni el polvo!

El joven se paró frente a él y preguntó a bocajarro:

—¿Usted es feliz? Quiero decir ¿tú eres feliz? ¿Casado, con dos hijos y teniendo una vida sexual activa fuera de tu casa?

—Claro que soy feliz. Vivo el sueño de todo hombre. También tengo dinero y soy famoso ¿lo olvidas? Mi ideología funciona. La tuya, no.

—Me da tanto miedo lo que me dices —sentenció—. Es tan distinto a lo que creo.

—Víctor Hugo dijo: *El futuro tiene muchos nombres. Para los débiles es lo inalcanzable. Para los temerosos, lo desconocido. Para los valientes es la oportunidad.* ¡Escúchame muchacho! —hablaba con el entusiasmo beligerante de un púgil acostumbrado a ganar—. No tienes por qué sufrir más. ¡Eres fuerte!, ¡eres grande! Pero la fuerza no está en el amor, sino en ti mismo. Sólo te necesitas a ti. Te traje un escrito con algunas citas que debes estudiar. Léelas —le alargó la hoja que había preparado; la desdobló y la puso frente a su cara, sin soltarla—. Yo me sé muchas de memoria. Úsalas de guía en tu vida. Verás cuan liberadoras te resultarán. Es más. Déjame leértelas yo mismo. La mayoría son de Antón Szandor La Vey. Pon atención: *El más grave de todos los pecados es el autoengaño. El hombre es sólo un animal, racional, pero animal al fin, de modo que aprende a gozar de tus instintos. Ninguna vetusta falsedad sea para ti una verdad; ningún dogma sofocante entorpezca tu raciocinio. Apártate de todos los convencionalismos que te alejen del éxito o la felicidad. La vida es la gran satisfacción de las pasiones. La muerte es la gran abstinencia. Por lo tanto, sácale el mayor provecho a la vida, ¡aquí y ahora! Si esperas y rezas para que suceda algo, no estarás actuando de forma inteligente. Date cuenta que cualquier cosa que consigas será gracias a tus propios actos. El pensamiento positivo y la acción positiva añaden los resultados. Amar es una de las emociones más intensas. Nadie puede obligarte a amar al prójimo. Sé libre para odiar a quien se merece tu odio. El odio reprimido produce enfermedades físicas. Exprésalo con naturalidad. También ama libremente. El amor libre te permite tanto ser fiel a una persona, si tú quieres, como satisfacer tus deseos sexuales con tantas personas como lo consideres necesario. Lo importante en esta materia, como en otras, es entender que lo único que está prohibido es prohibir.*

Mariscal Adalid volvió a doblar el papel, se lo llevó a la boca, le dio un beso simbólico como quien corona un objeto digno de exaltación y lo metió muy despacio a la camisa deportiva de José Carlos.

—Al reverso de la hoja están mis números telefónicos personales. No se los doy a nadie. Sólo a mis discípulos. Si tú quieres, háblame y te iré guiando. Lo haré gratis al principio, pero después te cobraré una cuota mensual. No creo en los favores a cambio de nada.

José Carlos se quedó estático, sin un ápice de vivacidad; ensimismado en la oleada de cavilaciones más desconcertante que jamás hubiera experimentado.

—¿Tú le cobras a Lorenna por asesorarla?

—Lorenna tenía etapas depresivas y hasta se quiso cortar las venas una vez. Pero su padre me contactó, fui a ayudarla, y la saqué adelante. ¡Ahora es una mujer resuelta, decidida! Sabe lo que quiere. Su papá está tan agradecido que me organizó el congreso. Y claro, que me da una iguala periódica para que la siga asesorando. No sufras más. No estás solo. Acepta mi ayuda.

Regresó a casa manejando el auto de su hermana, zozo-brando en una distracción desmedida. A pesar de llevar la vista en el camino, estuvo a punto de chocar varias veces.

Cuando estacionó el coche en la acera frente al garaje, vio que una figura humana, en extremo delgada, salía detrás de un poste telefónico. Parecía que se había estado escondiendo ahí, en espera de que alguien llegara.

Tuvo una oleada de miedo. Pero luego observó al apare-cido. Se veía encorvado, enjuto, ojeroso.

Era Mario Ambrosio.

46

Despedidas

—Me asustaste, Mario —salió del auto y lo saludó—. Pensé que eras un ladrón. ¿Te dieron de alta en el hospital?

—No. La neta, me escapé. Oí que un pinche virus desconocido me está jodiendo y cada vez estoy peor. Los doctores me querían usar como rata de laboratorio.

—¡Muy mal! Fuera del hospital no tienes muchas posibilidades... Además, ¿qué tal si tu virus es contagioso?

—Ya, ya, no me sermonees; como tú estás muy sano se te hace fácil hablar —un auto pasó frente a ellos y Mario tembló como una hoja; volteó para todos lados.

—¿Quieres pasar a mi casa?

—No. Es peligroso. Para ti y para mí. Sólo vine a dejarte esto. Toma —le dio una carpeta—. Me los robé. Son los pagarés que firmaste, tu credencial de elector y las querellas del abogado.

José Carlos recibió el fólder. No lo podía creer.

—¡Pero los apercibimientos se hacen ante un juzgado! Aunque te robes los papeles, ellos podrán recuperar copias de todo.

—En lo absoluto. Ni el Patrón ni el Cacarizo hacen nada ante el juzgado. Todos los documentos que preparan son una pinche simulación. Sin este folder se quedan sin armas para fregarte.

—¿Y sabrán que tú se los robaste?

—Claro. No son tontos.

—¿Y qué piensas hacer?

—Agarrar un pinche camión y largarme. Estoy bien jodido y en cualquier chico rato voy a reventar. Qué más da que me maten ellos o que me muera solo. Pero quise hacer algo bueno en la vida. Tú me ayudaste un chingo cuando fuiste al hospital.

José Carlos no podía creer lo que estaba sucediendo.

—Gracias, Mario. ¿Qué puedo hacer por ti?

—¿Me das algo de dinero para huir? Como dice el dicho, y en mi caso es la putísima verdad, no tengo ni en qué caerme muerto.

José Carlos buscó en sus bolsillos. Llevaba consigo apenas unas monedas; si llamaba a su padre para explicarle lo que estaba pasando, seguro que gustoso ayudaría a Mario. Al menos con parte del dinero que le estaba ahorrando. Pero las palabras de Adalid le retumbaban en la cabeza y afectaban su raciocinio: *El que ofrece la otra mejilla es un cobarde. ¡Eres grande! Sólo te necesitas a ti.*

Le dijo a su amigo:

—Toma estas monedas. De algo te servirán. ¡Ánimo, campeón! Sólo nunca olvides que eres poderoso. Siempre di en tu corazón "yo soy un triunfador".

Mario se quedó de pie sin entender los consejos que, aunque parecidos a los que su amigo le dio en el hospital, esta vez parecían impregnados de otro espíritu. Estaban exentos de amor.

José Carlos entró a su casa y guardó en un cajón el folder con los documentos; cerró los ojos y recapituló. De seguro, con papeles o no, el Cacarizo insistiría en cobrar la extorsión, y en un acto de prudencia, también, de seguro su padre optaría por pagar, sin embargo la recuperación de esos documentos le devolvía a él y a su familia cierta firmeza y protección. Sintió una oleada de remordimiento. Mario había actuado, por primera vez en muchos años, con una gran nobleza. José Carlos fue quien lo indujo a ello, le enseñó la generosidad como una forma digna y superior de comportarse, ¿por qué en vez de reconocerle su esfuerzo y recompensarlo, al menos con palabras amables, le dio la espalda y le pagó con desprecio?

Salió corriendo. Necesitaba despedirse de él con un fortísimo abrazo y detenerlo hasta haberle conseguido el apoyo económico que requería.

Mario ya no estaba.

Fue la última vez que lo vio en su vida.

Después de haber despreciado a Mario, se sentía tan miserable que deseaba con toda el alma aferrarse a los valores de honestidad y respeto. Demostrar que funcionaban.

Pero se equivocó de nuevo.

Buscó a Lorenna.

Primero la llamó por teléfono varias veces y ella se negó a hablar con él. Después fue a las oficinas de su padre y se enteró por medio de la recepcionista que la joven se encontraba en una reunión de despedida (porque se iba a ir muy pronto al extranjero), celebrando también con sus amigos la finalización del congreso.

Sin pensarlo dos veces fue al restaurante donde se hallaba.

Se acercó a la mesa. Esta vez, cuando ella lo vio, no se paró para alejarse de los otros comensales y hablar con él. Torció sus labios y murmuró algo, con fastidio, a su amiga de al lado. Él se aproximó tembloroso.

—Te he andado buscando porque escribí algo para ti —le dijo poniéndose a sus espaldas—, es un cuento en forma de carta. Un epitafio para nuestro amor.

Ella tardó en responder. Sonrió como para disculparse con el resto de los presentes, se limpió la boca con la servilleta y empujó su silla hacia atrás. Él pensó que respondería con alguna palabra de aprecio o disculpa.

—Ay, José Carlos —usó el tono de quien le habla a un tarado—. Ya sabes que yo no leo. Pero déjamelo, de todos modos. Deseo que algún día seas práctico (un poco más egoísta y menos romántico), para que dejes de sufrir... Si de algo sirve, te diré que llegaste a ser parte valiosa de mi adolescencia. Muchas veces me ayudó sentirme tan amada. Pero yo ya crecí. Espero que también lo hagas.

Esa fue la despedida.

Se alejó sin contestar.

Su corazón, hecho añicos, perdió en ese momento toda esperanza de reconstrucción.

Decidió dejar de escribir para siempre. Como consideraba esa renuncia una traición a sí mismo y a su madre, guardó en la funda de vinil su máquina portátil y la metió a la cajuela del auto para que ella no se diera cuenta que había dejado de usarla.

Llamó por teléfono a Mariscal Adalid y le dijo que quería aprender más de su ideología para tener un escudo ante los ataques. Estaba cansado de llorar.

Mariscal aceptó. Le dijo:

—Seré tu motivador personal y te sacaré adelante, campeón.

Durante los meses siguientes aceptó internarse de tiempo completo en el Comité Olímpico; no fue a dormir a su casa ni un solo día. Se recluyó, empecinado en elevar sus niveles deportivos. Entrenaba buscando el agotamiento, luego acudía a la facultad y tomaba sus clases sin saludar a nadie.

Se sentía como debía sentirse un niño golpeado por los maleantes y humillado por las chicas. Su hostilidad reactiva era, sin embargo, más peligrosa que la de un pequeño. Siguiendo las directrices de Adalid comenzó a abordar a las jóvenes de la universidad, fingiendo atracción por ellas. Usaba palabras dulces y detalles artificiosos, con el fin de conquistarlas. En el proceso las besaba y acariciaba. Siempre por encima de la ropa. Otros escarceos le parecían impropios (en medio de su confusión todavía se jactaba de mantener algunos principios autoimpuestos). Cuando percibía que las chicas se habían enamorado de él, desaparecía. Las abandonaba.

En secreto odiaba hacerlas sufrir. Pero se estaba sometiendo a un proceso consciente de insensibilización.

—Mientras seas emocional y blando —le decía Adalid—, seguirás indefenso. Deja de conmoverte hasta las lágrimas en las películas románticas. Deja de ser delicado y melancólico. ¡Vuélvete duro como la roca!

Trataba de obedecer, pero detrás de esa coraza impasible que construía, su alma se dolía a gritos ahogados.

Cerró a piedra y lodo el baúl de sus emociones y se negó a tener conversaciones profundas. Ni siquiera con su madre. Ni siquiera con Ariadne que lo buscó hasta el cansancio.

Sin embargo, su mamá parecía tener una conexión telepática con él, y un domingo, después de las competencias ciclistas (era el único momento de la semana que veía a su familia) le reclamó:

—Estás tenso, enojado, como perdido. José Carlos ¿qué te pasa?

—Nada; déjame en paz.

—Has dejado de escribir ¿verdad?

—¿Qué quieres, mamá? En el internado no me permiten hacer ruido con la máquina. Además acabo muy cansado. Tengo que concentrarme en mis metas.

—Pues deberías buscar el tiempo, aunque sea para redactar a mano tu C.C.S. Escribir siempre te ha servido de alivio y desahogo. ¡Lo necesitas, hijo!

Evitó dar una respuesta. A su madre no podía prometerle lo que no iba a cumplir. Él había renunciado a sus antiguos métodos de sanidad. Ahora quería concentrarse en el triunfo a ultranza, en lograr el éxito absoluto, en subir al pedestal del mundo sin importarle que, en el proceso, empujara al vacío a sus competidores.

47
Canadá

C.C.S. jueves 7 de julio de 1983

Hace varios meses que no escribo.

Pero hoy es un día importantísimo (aunque tétrico, doloroso, confuso).

Me siento tan lacerado en el interior, tan abrumado por las heridas del alma que arden, supuran y crecen en excoriación gangrenosa, que me hallo a punto de estallar.

¿Por qué sucedió así? ¿Por qué lo permití?

Estamos en Vancouver.

Soy el capitán del equipo internacional.

Mañana viajaremos a Edmonton, donde se llevará a cabo el certamen deportivo.

Hoy, para despedirnos de esta ciudad encantadora donde estuvimos entrenando, mis compañeros y yo salimos a las calles "a pasarla bien", secundados por el entrenador, quien aun sabiendo los propósitos de nuestra escapada nocturna, se hizo de la vista gorda.

Otras veces, en viajes similares, yo me negué a participar de las aventuras extramuros. Pero ahora ¿qué más daba? No había ninguna virtud en mí digna de ser resguardada.

Mis amigos son expertos en averiguar con facilidad la localización de los mejores sitios para desahogar sus excesos.

La calle de los burdeles era angosta, empedrada, llena de neblina y humedad. Había mujeres en cada esquina. Algunas vestidas de forma obscena. Otras ataviadas con ropa casual.

Al pasearme por la calzada recordé el repeluzno que me embargó cuando caminé, meses atrás, alrededor del negocio negro propiedad del Patrón. En aquel entonces varias sexoservidoras me invitaron a charlar y algunas incluso se atrevieron a tocarme. Yo estaba asustado, asqueado, consciente de no pertenecer a ese tipo de andurriales. La dicha que embargaba mi vida era de muy distinta naturaleza.

Ya no. Hoy no.

Me moví con naturalidad, como si no me afectase formar parte de ese gremio que ha perdido su decoro (¿no me ha enseñado Adalid que las personas somos sólo animales y la vida es la gran satisfacción de las pasiones?).

Lo curioso fue que, queriendo acompañar a mis amigos, me convertí en su comandante. Ninguno de ellos hablaba inglés. Yo tampoco, pero sí más que ellos. De modo que cuando nos detuvimos frente a una hermosísima mujer (quizá la más hermosa de la calle), alta y de formas generosas, fui el designado oficial para negociar sus honorarios. La mujer vio que éramos cinco jóvenes inexpertos y aceptó darnos un precio inmejorable sólo si aceptábamos mantener trato exclusivo con ella. Les traduje a mis amigos las condiciones. Hicimos un pequeño mitin y acabamos aceptando. Echamos a la suerte el orden de nuestra participación. A mí me tocó ser el segundo.

La sexoservidora nos condujo al final de la calle, hasta la entrada de unas escaleras angostas custodiadas por dos morenos que sujetaban un par de perros rottweiler mediante una cadena con bozal. Los perros ladraron y se lanzaron sobre nosotros para tratar de mordernos. Sus dueños los detuvieron y el protector del hocico les impidió arrancarnos una mano. Llegamos a la estancia que hacía las veces de bar. Muchos hombres tomaban alcohol y esperaban a ser llamados. Mientras tanto, veían en las televisiones de las paredes una película pornográfica extremadamente explícita.

La mujeruca cobró sus honorarios por adelantado y nos dejó en la salita de espera. El compañero cuya suerte lo favoreció de ir en primer lugar, dio un salto y fue tras ella.

Era difícil no ver las escenas televisivas. Pero, más que excitado, yo me encontraba asustado, impresionado, empequeñecido. Sentía en mi interior la angustia íntima de alguien que está a punto de entrar a un quirófano para ser operado, o de alguien que está a punto de aventarse por un puente con los pies amarrados a una enorme liga.

Jamás en mi vida había tenido relaciones sexuales.

Se lo dije a mi compañero contiguo quien parecía mejor aclimatado. Me contestó:

—No te preocupes; no hay nada mejor que hacerlo con una profesional.

Quince minutos después, salió el compañero del primer turno y me dio una ficha con el número catorce a manera de estafeta.

—¡Vas!

—¿Cómo estuvo?

—Increíble.

—¡No te tardes! —gritaron los demás.

Caminé por el pasillo hasta la puerta con el número catorce.

La mujer me estaba esperando.

Se había puesto una bata transparente que apenas ocultaba su prodigiosa desnudez. Como me vio nervioso, tomó asiento en la cama invitándome a acompañarla y entabló conmigo una conversación casual. Le hice preguntas sobre su vida y ella me contestó sin reparos. Dijo ser licenciada, hablar dos idiomas, tener un hijo y estar ahorrando para darle la vuelta al mundo. Le creí. Por mi parte le confesé que era mi primera vez y que me sentía atemorizado. Ella fungió de psicóloga por un rato, pero después apresuró las cosas, abrió una cajita con preservativos de colores para que eligiera uno y puso manos a la obra. La dejé tomar la iniciativa. En medio de sus procedimientos me invitó a ser menos respetuoso. Todo se desarrolló (y concluyó) como en una cueva oscura de tristeza. Me embargaba la desolación más abismal. La pena más profunda que hubiera sentido.

Salí a la estancia para darle la ficha a mi siguiente compañero. No quise hablar de la experiencia. Dentro de mí escocía el ardor de haber roto para siempre un sueño largamente anhelado. ¡Toda la vida supe que mi primera vez iba a ser con una mujer a quien amaría profundamente! ¡Por años pensé en la factibilidad de fusionar el sexo con el amor, y en defender esa fusión como uno de los valores más excelsos del ser humano! Hoy me deshice de tal creencia.

Huelo a la podredumbre de la que Mario me habló cuando lo vi en el bar. (Soy una mierda. Literal. Una mierda con patas).

¿Dónde quedaron aquellas ideas de respeto a la mujer, que rigieron mis años de juventud?

Antes (en varias ocasiones) cuando tuve oportunidad de manosear a una amiga o insolentar su intimidad, me detuve con reflexiones tenaces. Yo tenía un código de honor. ¡Pero las cosas han cambiado! En la batalla de la vida, he sido derrotado.

Aunque desde hace varios meses me he envuelto en el juego de insensibilizarme, lejos de sentir un crecimiento hacia las cumbres anheladas (nos vemos en la cima, campeón), percibo que mi alma se hunde en piélagos cada vez más negros e insondables.

Estoy asqueado de mí. No soy capaz de mirarme al espejo sin insultarme.

Pero aún (por lo menos) sé, y lo sé bien, no he descendido como Mario a un punto sin retorno. Quiero detenerme antes de caer más.

Cuando salí del burdel, los perros rottweiler volvieron a tratar de mordernos los tobillos. En un acto de rebelión les lancé una fuerte patada. Canes y guardias enloquecieron. Tuvimos que echarnos a correr para salir con vida.

Desconozco cómo voy a hacer para representar a mi país en el deporte dentro de algunos días.

De antemano estoy consciente de que perderé la competencia.

Yo no funciono con esta filosofía. Sé que si no triunfo en mis prácticas secretas, tampoco podré triunfar en las públicas. Ignoro si es cuestión de genes o convicciones sembradas en mí desde mucho tiempo atrás, pero es así como soy…

Mi país merecía un campeón mundial de velocidad… No lo tendrá. ¡Lo lamento tanto, tanto, tanto!

48
El novio de Ariadne

—¿Cómo te fue en Canadá, triunfador? —le preguntó Mariscal por teléfono.

—Mal. No gané ninguna medalla. Nadie del equipo lo hizo.

—¿Pero lograste conquistar a alguna chica canadiense?

—Eso sí —no quiso dar detalles—. La Universiada estuvo de luto por la muerte del clavadista soviético, Sergei Chalibashvil, que se golpeó en la nuca al girar hacia atrás sobre la plataforma de diez metros. Por otro lado fue remarcable la presencia del príncipe Carlos y la princesa Diana de Inglaterra. Lejos de eso, seguro que el mundo olvidará con facilidad el certamen.

—No te preocupes. El año que entra es la Olimpiada. Ahí seguro ganarás una medalla.

—Te equivocas, Adalid. Voy a dejar el ciclismo para siempre. Ya me cansé de ser un pobretón. El deporte exige demasiados sacrificios y al final no resulta práctico. (Sólo sigo tus enseñanzas). Me dedicaré a terminar mi carrera y a trabajar.

Mariscal aplaudió su decisión.

Durante los siguientes doce meses, José Carlos se dedicó a comprar y vender autos usados. También invirtió las mañanas en dar clases y administrar la escuelita comercial de su padre.

Habían pasado casi dos años desde que vio a Lorenna por última vez, cuando recibió la visita de Ariadne. La acompañaba un joven muy alto y fortachón, como modelo de revista para vender calzoncillos.

—¡Pecosita, querida! —se levantó de un salto al verla y le dio un fuerte abrazo—, ¿dónde has estado?

—Batallando por la vida. Qué le vamos a hacer. ¿Y tú?

—También. Mira. ¡Ésta es mi oficina! Soy coordinador de la escuela. Organizo los horarios de los maestros y sistematizo las inscripciones de alumnos. Nuestra academia comercial es la más prestigiada de la zona.

—Lo sé —observó las paredes—. ¿Todavía coleccionas libros?

—Es mi vicio.

—¿Y aún escribes?

—Ya no.

—Qué lástima —recordó que venía acompañada—. Ah, te presento a mi novio.

José Carlos saludó al galán y abrió los ojos, más por asombro cínico al corroborar su robustez, que por alegrarse de ver al fin a la pecosa con pareja.

—Mucho gusto —el fornido le apretó la mano con vigor innecesario y ambos cruzaron miradas de desprecio sutil. Hubo un silencio incómodo. Ariadne hizo un gesto para que su novio (quien parecía más su guardaespaldas) les permitiera hablar a solas; el hércules salió de la oficina y se paró en el umbral de la puerta como centinela de almena.

—Ahora sí tienes quién te defienda.

—Definitivamente. No te metas conmigo.

—Cuenta con ello.

—Te iba a llamar por teléfono —retomó Ariadne sentándose frente a él;—, pero andábamos cerca y preferí pasar para darte la noticia. Ocurrió una tragedia.

—¿Qué? —se alertó.

—Murió Justine.

La frase lo tomó desprevenido.

—¿Cómo?

—La encontraron golpeada en un callejón. Tenía una abertura en el cráneo que partía el temporal y le dejaba a la vista el cerebro.

Quiso asimilar la pintura y lo asaltó el vértigo.

—De seguro la asesinó su novio.

—Sin duda.

Respiró en el proceso de asimilar la idea.

—¿Ya lo detuvieron?

—No. Cerraron la tienda de *La dicha* por un tiempo. Al menos así dice un letrero. "Cerrado por un tiempo". El Patrón anda prófugo. También el Cacarizo.

—¿Cómo sabes?

—Me lo dijo Lorenna. Ella está aquí.

—¿Lorenna? —lo invadió otra descarga de adrenalina—. Cuántas sorpresas… ¿La has visto?

—No, pero me llamó ayer. Regresó de los Estados Unidos hace varios meses. La escuché muy cambiada. Me dijo que quiere verte.

—¿Y tú qué opinas?

—Tu vida amorosa me tiene sin cuidado.

La frialdad de Ariadne no pretendía ser grosera. Obedecía a una confianza antigua, a una muestra de resuelta sinceridad. Así lo entendió él, y contestó en el mismo tono.

—Tienes razón. Mi vida amorosa es una porquería.

Ella lo observó un par de segundos para averiguar si había ironía en su voz. Detectó que hablaba en serio.

—Te has vuelto un liberal, ¿verdad?

—Más o menos, pecosa. He cultivado el afecto de varias chicas. Aunque, como está de moda en las noticias esa nueva enfermedad llamada "sida", jamás tengo relaciones sexuales completas.

—Pero retozas y te diviertes con ellas.

—Sí.

—¿Algunas son tus alumnas?

—Algunas, sólo que nuestros romances se desarrollan lejos de las instalaciones escolares, para no afrentar el reglamento.

—Me encantan tus principios.

—Deja de juzgarme. El que esté libre de pecado que arroje la primera piedra.

—Caray. Tienes razón. Nadie es perfecto. Y por supuesto, tú no. —suspiró—. ¿Qué le vamos a hacer? Hoy velan a Justine en Félix Cuevas, por si te interesa.

—¿Tú irás al velorio?

—No lo creo.

—¿Lorenna estará ahí?

—Seguramente.

—Bueno. Pues yo sí iré. Quizá a Lorenna le fue mal en Estados Unidos. Quizá su novio la abandonó con el niño que engendró. ¿Quién sabe? Tengo mucha curiosidad, y también, debo confesar que, después de casi dos años sembrando dolor y resentimiento, se me antoja un poquito vengarme de ella…

—No vayas a hacer una estupidez.

—Otra raya más al tigre ni siquiera se notaría.

Se despidieron. Acompañó a su amiga pecosa (con su monumental novio) hasta la salida.

Al pasar por la recepción no pudo evitar admirar a una bella estudiante que estaba pidiendo informes para inscribirse; Ariadne se percató de su distracción.

—Has cambiado mucho, amigo.

—Todos cambiamos ¡Visítame más seguido, pecosita!

Ella se alejó levantando una mano con displicencia.

Después de dejar encaminados a Ariadne y su portentoso galán, regresó corriendo a la recepción, con intenciones de atender personalmente a esa joven que acababa de llegar. Ya no estaba. Le preguntó a la secretaria.

—¿Dónde se fue?

—Su padre la está atendiendo.

Se asomó a la oficina principal. En efecto, la chica se encontraba ahí, y el director general le explicaba el folleto para nuevos ingresos.

—Con permiso —entró a la oficina, se paró a un costado del escritorio para observarla con descaro. La joven parecía rodeada de un aura brillante, algo que contrastaba en su perímetro. Se asombró. ¿Eso era posible? Cerró y abrió los ojos como si tuviese una basurita, pero lo hizo para enfocarla mejor. Estaba acostumbrado a tratar con mujeres guapas en la academia comercial, sin embargo, cuando se topaba con una de ojos claros ponía especial atención. Esa chica tenía piel blanca e iris de un azul verdoso (menos celeste o grisáceo que el de Lorenna). El cabello rizado, castaño claro, le descendía en tropel hasta los hombros.

—De acuerdo —dijo la joven, que se había cambiado de carrera profesional y estaba solicitando un curso de actualización para presentar su examen—, voy a inscribirme.

—Yo haré tus trámites —se comidió presentándose—, soy el coordinador; es mi trabajo; te organizaré el horario.

El director asintió y se despidió de la chica para dejarla en manos de su hijo. Él la llevó a su despacho.

49
Velorio

Esa noche acudió al velorio de Justine.

Había poca gente, pero al fondo de las sala, junto al cadáver de la pobre mujer asesinada, estaba su prima Lorenna.

Se acercó con seriedad, echó un vistazo al féretro que tenía una ventanita de cristal. Justine había sido maquillada con tanto esmero, que no se notaba la herida del cráneo que le quitó la vida.

—¿Cómo pudo suceder esto? —musitó a manera de saludo sentándose junto a Lorenna.

Su exprincesa se veía avejentada. Tenía enormes ojeras y algunas arruguitas que no correspondían a su edad. No sólo había perdido los kilos extra del embarazo, sino que se veía en extremo delgada, como anoréxica; su exagerada escualidez la hacía parecer más oblonga de lo que era. Demasiado alta para él.

Vestida con saco y falda, maquillada en exceso; tenía una apariencia más adulta, más, formal, pero también más triste e insegura, como ocurre con las personas que han sido golpeadas cruelmente por la vida.

Ella se acurrucó en el pecho de él y comenzó a llorar de manera teatral. Él correspondió vacilante e incómodo porque el llanto de Lorenna parecía más una excusa para arrojarse en sus brazos que una verdadera manifestación de dolor.

Le acarició la cabeza.

—Tranquilízate. Esto tenía que pasar —antes de terminar la frase, ya se había arrepentido de decirla—. Justine siempre anduvo en sitios peligrosos.

Lorenna se separó.

—¡Pero eso no justifica lo que le hicieron!

—No, ¡por supuesto! —y agregó como para disculparse—, el mundo es una porquería.

Lorenna volvió a agacharse para seguir llorando (o fingiendo el llanto). Él permaneció a un lado guardando el luto sin moverse, prisionero de un fenómeno inusual. ¡No podía olvidarse de la chica que vio esa mañana en la escuela de su padre!

Se llamaba Ivonne. Tenía una boca diminuta, (apetecible y fácil de besar), rostro lozano y cintura brevísima, aunque era proporcionada, toda ella tenía un tamaño general pequeño, lo que acrecentaba con creces su belleza.

Recordó que la tarde anterior cuando Ivonne se sentó frente a él, analizó su guía de estudio e hizo para ella una tabla coloreada con la lista de materias y el nombre de los profesores que la regularizarían. Hábilmente se designó él mismo como su maestro privado en tres asignaturas. Después, le hizo varias preguntas de tipo personal. Ella respondió todas con transparencia. La admiró con la boca entreabierta y luego le dijo, "te espero mañana puntual para nuestra primera clase".

Lorenna le tomó una mano y lo apretó con ternura.

—¿En qué piensas?

—En la pobre de tu prima. Es una tristeza lo que le pasó.

—Gracias por venir, José Carlos.

—De nada.

Volteó a verla y se dio cuenta que ya no le atraía. Sin embargo seguía procurando entrenarse en las doctrinas del motivador, empoderando su egoísmo puro, con la esperanza de hallar la felicidad (al menos algún tipo de felicidad).

Fue directo al grano para abreviar tiempos.

—La verdad, Lorennita, no conozco a nadie aquí… Vine sólo a verte… —y completó—. A consolarte.

Ella juntó ambas manos en el pecho con una ternura que a él le pareció incongruente.

—Lo necesitaba… José Carlos. En estos dos años han pasado muchas cosas. Tuve a mi bebé. Es una niña preciosa. Pero mi novio no quiso hacerse responsable. Ya te imaginarás. La historia más común. Nunca creí que me sucedería a mí. Duele. Y duele mucho. ¡No sabes cómo te valoré! Hasta leí el cuento que me escribiste…

—¿Te gustó?

—Sí… ¡Tienes mucha imaginación! La escena de la playa es demasiado… sensual… pero las transformaciones de personalidad que me endilgas, me parecieron horrendas.

—Lo sé —cambió la directriz—, ¿y Mariscal Adalid todavía es tu coach personal?

—Ya no. Estaba cobrándole a mi padre demasiado dinero por decirme siempre lo mismo "eres triunfadora, sal adelante por ti misma, Dios no te va a ayudar, tienes poderes sobrenaturales, encuéntralos".

—Sí. Ya me sé esa canción —omitió decirle que a él todavía le daba consejos y le cobraba una iguala—. ¿Y ya no piensas volver a irte?

—No. Por el momento. Entré a trabajar en una tienda de ropa. Vivo sola con mi hija en un departamento —agachó la cara como si una idea atrevida le hubiese asaltado la razón—. Te invito a visitarme un día —lo miró con osadía—, si quieres. Para que conozcas a la niña; ¡es bella!

—Como su madre Lorenna…

—¿Ya no me dices Sheccid?

Apretó los labios y le sostuvo la mirada.

Ella interpretó el silencio como una negativa, pero le ciñó la mano de cualquier modo.

—Tal vez algún día me gane ese privilegio de nuevo.

Él correspondió la caricia.

Por lo visto, al fin Lorenna Deghemteri había cedido ante él (cuando a él ya no le interesaba; no al menos en el ámbito amoroso… Sino sólo en ese aquel otro terreno hostil de las revanchas).

Estando junto a ella volvió a recordar a la joven que conoció esa mañana. Ivonne. No podía olvidar esa belleza extraña (de algunas personas elegidas) que iba más allá de las facciones; ese fulgor etéreo resplandeciente; ese candor virginal, ¡como si fuera de un ángel!

Habló en voz muy baja para sí mismo: «Yo sé que soy un desgraciado; sé que me he alejado del camino que me tracé, sé que me he vuelto un cínico y me estoy ahogando en un fango de frustración, pero en lo más hondo de mi ser, abrigo el deseo íntimo de volver a amar; amar como antes; amar de veras».

—¿Qué murmuras, José Carlos?

—Nada. Estaba pensando en lo dichoso que soy de haberte vuelto a encontrar.

—Yo también. Mira —sacó una tarjeta de su bolso y escribió—. Aquí está mi teléfono y dirección. Llámame. Te invito a tomar un café en mi departamento. Una velada romántica, como la que siempre me pediste. Te la mereces. Estaremos solos. Y, si quieres, puedes quedarte conmigo a pasar la noche.

Asintió. El ofrecimiento de Lorenna le sonó burdo, grosero, fuera de contexto; ni siquiera una mujer de la más baja educación habría anticipado así sus intenciones.

—Te llamaré —se escuchó decir.

¿Acaso no era eso lo que él había ido a buscar?

50
Dejar el pasado atrás

—Voy a confesarte algo. Hace años hice una declaración que se ha convertido en un canon inmutable de mi persona. "Yo reconoceré a la mujer de mi vida por sus ojos".

Ivonne estaba sentada frente a él con una expresión de incredulidad. Aunque por las mañanas se dedicaban a las labores propias de maestro y alumna, por las tardes fundamentaban una amistad especial. Desde que se conocieron, habían salido todos los días a pasear, a comer, o simplemente a charlar. Sus conversaciones se alargaban por horas. Él hallaba en la compañía de esa joven una placidez que jamás encontró en Lorenna, ni siquiera en Ariadne, y ella veía en él un sesgo de nobleza que luchaba desesperadamente por surgir tras varias capas de légamo indefinible.

—¿El color de los ojos es tan importante para ti?

—No… Bueno. En realidad considero el color como una especie de señal o aviso de que debo poner atención en la persona. Fantasías si tú quieres. Pero en realidad observo lo que los ojos translucen. Dicen que son las ventanas del alma.

Ivonne lo escrutó con interés. Él aprovechó para estudiarla también. En efecto, la mirada de esa chica era cristalina; frente a ella le resultaba difícil pertrecharse tras la cortina de simulaciones. Hizo comparaciones rápidas. Aunque los ojos de Lorenna eran azules, siempre mantenían la bruma de alguien que oculta secretos, no del todo dignos o fáciles de justificar; además, Lorenna tenía el hábito de ver sin observar, de mostrarse tierna por un instante y distante en otro, de mirar a su interlocutor sólo por intermitencias. Ivonne en cambio miraba de frente; era radiante, no ocultaba nada; lo impresionante de sus ojos (claros también, pero eso sólo constituía un distintivo externo) era su luz, su brillo difícil de creer y describir.

—Carlos —a ella le gustaba llamarlo sólo por su segundo nombre—, por lo que hemos platicado todos estos días, tú todavía estás encadenado a un pasado que te lastima. Debes soltarlo para recomenzar a vivir.

—¿Crees que aún estoy enamorado de Lorenna? ¡No es así! Eso ya lo superé, de verdad. Ahora sólo tengo odio por ella. Un odio saludable.

—A ver, a ver. ¿Qué acabas de decir?

—El odio expresado con sinceridad desahoga la tensión interna y se traduce en salud psicosomática.

—¿Quién te dijo esa aberración?

—Mariscal Adalid.

—Me has hablado tanto de él que me causa muchas sospechas.

—Ha sido mi asesor durante dos años.

—¿Pero en vez de cultivar la "doctrina del odio", tu asesor no te ha enseñado a "perdonar"?

Regresaron al auto sin hablar más. Antes de ponerlo en marcha, él se atrevió a sacar una hoja de papel que traía en la cajuela de guantes. La desdobló para mostrársela. Eran los postulados básicos que le brindó Adalid en esa banca del parque. Ella los leyó con los ojos muy abiertos y las pupilas dilatadas.

—¿Tú crees esto?

—Sí. ¿Qué tiene de raro? El noventa por ciento de los capitalistas lo creen. Es una ideología funcional que brinda armas para ganar dinero, para...

—Para manipular a la gente —la chica tenía carácter recio y estaba dispuesta a querellarse—, para seducir mujeres, para abusar del más débil, y al final del día para llenarse de ira, miedo y depresión. Ahora entiendo por qué te ha sucedido lo que me has platicado —apostilló en un tono

278

más amable, pero aún firme—. La manera en que pensamos respecto a la gente y respecto a Dios, determina nuestra forma de vivir.

Él recuperó el papel de Adalid e insistió en generalidades.

—Pero así, piensa la mayoría.

—¿Y eso qué? El mal está mal aunque todos lo hagan y el bien está bien aunque nadie lo practique. ¡Y esto está mal, Carlos! Déjame analizar contigo algunas cosas. Para empezar ¿quién es el autor de las frases?

—No lo sé.

—Pues investígalo. No puedes repetir ideas y defender ideologías cuyo trasfondo desconoces. ¡Haz tu tarea! No seas como la mayoría de la gente floja que adopta formas de pensar dañinas, sólo porque están salpicadas de positivismo y vocablos populares como "campeón", "prosperidad", "éxito", "triunfo", "conquista", "sueños", etcétera. Esta hoja que te dio tu motivador es dañina, ¿sabes por qué? ¡Porque parece lógica y promete resultados beneficiosos, pero está llena de perversión! Analízala bien. "¿Goza de tus instintos animales?" "¿El amor libre te permite tanto ser fiel, como satisfacer tus deseos sexuales con muchas personas?" "¿Lo único prohibido es prohibir?" "¿Devuelve golpe por golpe, desprecio por desprecio, ruina por ruina?" "¿Eres tu propio redentor?" ¡Por Dios! ¡Carlos! ¡Es diametralmente contrario a los principios universales del amor!

Las ideas de Ivonne eran demasiado sólidas para ser rebatidas con improvisaciones y él, en realidad, no estaba casado con ninguna corriente de pensamiento.

—¡Eso es lo interesante! —trató de defenderse vacilando—. Demuestra que hay muchas formas correctas de ver la vida. No todo lo tradicional es sano.

Como los ojos de Ivonne eran tan transparentes, él pudo distinguir su profunda decepción. Permanecieron callados. Ambos se dieron cuenta que habían llegado al borde final de su incipiente vínculo amistoso, ¿pero qué harían con la afinidad psicológica y aún química que habían identificado entre ellos? ¿Era viable intentar defenderla a pesar de las diferencias ideológicas? ¿O resultaba primario limar esas diferencias?

Los últimos dos años había actuado como un barco a la deriva, como hoja sin voluntad y sin raigambre. Más movido por una pesarosa dejadez que por alguna corriente de pensamiento medianamente defendible. Además, era verdad: había cometido actos de los que se arrepentía; tenía insanos ataques de temor, ira y depresión; se había alejado de su familia, su deporte y de su oficio literario (todo lo que alguna vez le dio sustento).

—De acuerdo, tú ganas —profirió como un combatiente que levanta las manos en señal de rendimiento—. Tengo muy clara la definición de un fanático: Quien promueve con cerrazón una postura, creyendo que los que difieren de ella deberían desaparecer. Y yo no soy fanático de ninguna doctrina, ni deseo (todo menos eso) que tú desaparezcas.

—Te entiendo, Carlos. Yo tampoco soy fanática, sin embargo, tengo clarísimo que el odio es una semilla destructiva que genera ruina y devastación. Tú no puedes odiar a Lorenna, ni al Cacarizo, ni a Justine, ni al Patrón, ni otras personas de las que me has platicado con tanto detalle. Y por supuesto, ¡no puedes odiarte a ti mismo! ¡Necesitas reconciliarte con tu pasado; perdonarte por haberte enamorado de la chica equivocada, por haberte burlado de otras muchachas, por lo que hiciste en Canadá! Carlos, valoro la confianza que me has tenido al contarme todo eso. Tenemos pocas semanas de conocernos y ya siento que eres mi amigo desde siempre. Tienes un corazón enorme, sin embargo, no conoces las verdaderas leyes del amor.

—¿Cuáles son? —esta vez su tono fue suplicante.

Ella echó un vistazo a la hojita de Mariscal que él había vuelto a doblar con minuciosidad.

—No las entenderás mientras sigas atesorando la ideología que te enseñaron.

Esa misma tarde fue a la Biblioteca Nacional y buscó los libros del autor más citado por Adalid. Cuando el bibliotecario puso en sus manos la obra principal de este personaje, sintió en las sienes los síntomas inequívocos de una presión arterial excedida. La zozobra y el nerviosismo repentino lo hicieron correr a la mesa para estudiar el volumen. La pasta negra tenía un anagrama de cinco picos y una cruz invertida. Leyó algunas de sus frases, lleno de creciente estupor. No le sorprendía que existieran ese tipo de documentos, sino que su maestro lo hubiese engañado de tal manera.

Interrumpió la lectura y salió a toda prisa al teléfono más cercano para llamar a Mariscal Adalid. El motivador parecía estar en medio de una ruidosa fiesta; se escuchaba música y carcajadas femeninas.

—José Carlos. ¿Puedes hablarme mañana?

—No. ¡Esto es una emergencia!

—A ver, espera —se escucharon sonidos indefinibles; después de unos minutos, al fin el ruido ambiental disminuyó, como si el interlocutor se hubiese aislado en un cuarto aparte—. ¿Qué te pasa?

—¡Yo he creído en tu verdad, Adalid! ¡Me has enseñado a tomar decisiones con base en tus enseñanzas! Pero hace varias semanas conocí a una chica que me retó a investigar más a fondo lo que predicas. Estoy en la Biblioteca Nacional. Acabo de encontrar el libro que escribió el autor principal de tus frases favoritas, el tal Anton Szandor LaVey —hizo una pausa para tomar aire y articular la frase con desenfado—; es la *Biblia Satánica*...

51

Libro negro

El ruido al otro lado de la línea se intensificó, como si Mariscal hubiese abierto la puerta de su cuarto, indeciso entre volver a la fiesta o charlar con su aprendiz.

—Te noto muy alterado. Mejor nos reunimos para platicar con calma.

—¡No estoy alterado! —mintió José Carlos—. Sólo tengo mucha urgencia por saber. Me encuentro en un momento crucial de mi vida. ¡Háblame claro! ¿Eres satanista?

—¡Por supuesto que no! —la voz del orador se oyó histriónica, casi picaresca—, pero aunque lo fuera, ¡deja de alarmarte! Hay demasiados mitos e ignorancia alrededor de ese concepto. Los satanistas no sacrifican animales ni niños; son personas normales que defienden las virtudes y cuidan el planeta: empresarios, políticos, comunicadores, artistas; ¡gente convencida de que el hombre tiene capacidades extraordinarias! Nada más. El satanismo representa complacencia, en lugar de abstinencia; existencia vital, en lugar de sueños espirituales; amabilidad hacia quienes la merecen, en lugar del amor malgastado en ingratos; venganza, en lugar de ofrecer la otra mejilla. Es mejor que cualquier religión porque se ocupa activamente de todas las facetas de la existencia humana, y no únicamente de los llamados "aspectos espirituales".

—¡Pero me mentiste! —reclamó el joven con un ardor que hizo voltear a la gente que pasaba cerca—. ¡Dijiste que tus razonamientos se basaban en premisas de grandes filósofos! Jamás me comentaste que los habías extraído de un libro negro.

El ruido de la fiesta volvió a hacerse lejano. Adalid se había encerrado de nuevo para argumentar:

—Tranquilo, muchacho. Yo no engaño a nadie. Ese libro que encontraste es una fuente de inspiración para millones de personas quienes, como tú, se alarmarían si supieran de dónde salieron las ideas; sin embargo viven tranquilas y felices porque han asimilado los axiomas desde otras aproximaciones menos amenazantes para ellas: Películas, obras de teatro, libros, reportajes, opiniones. En la introducción del libro que hallaste, se explica que no todas las personas están listas para leer las sentencias que ahí se expresan, pero a todas se les pueden dosificar con discreción a través de diversas obras y trabajos, hasta que la conciencia colectiva proclame que lo que se dice es verdad. Si mal no recuerdo, dice textualmente: "El ser humano entenderá por fin lo que instintivamente siempre ha temido proclamar: que es potencialmente divino". Como ves no hay engaño. Aunque no todos puedan leer ese libro porque "la forma" los asusta, al final muchos acabarán conociendo lo que dice y se beneficiarán de su "fondo"…

—Estoy muy confundido. ¿Cómo puedes hacer parecer bueno algo así? Dime una cosa ¿Tú le enseñaste eso a Lorenna?

—Sí, hombre, pero ya cálmate. Yo enseño superación. Entiéndelo. Hablo de tópicos nobles. Dinero, éxito, autoestima, valor, felicidad, ecología, perseverancia, iniciativa. ¡Los cristianos y los de cualquier otra religión, hablan de lo mismo! ¿Sí o no? Ahora, respira hondo y acuérdate de lo que hemos hablado. Controla tu hipersensibilidad. Aprende a ver las cosas con crudeza. Así madurarás. ¿De acuerdo?

Era inútil tratar de desmentir lo que no conocía. Se quedó callado como cuando charló con Ivonne. Todo el mundo parecía tener opiniones claras, menos él. Vio que su mano vibraba sosteniendo el auricular. Lo exaltaban emociones trepidantes. Tenía urgencia por leer. Prisa por saber. Angustia por formarse un criterio, *pronto*. Interpretaba cada segundo de duda, como de vida o muerte.

—Creo que acabas de perder un cliente, "maestro".

Colgó el teléfono despidiéndose con sequedad y corrió de vuelta a la mesa. Tomó pluma y papel para ir resumiendo. Puso mucha atención en el proceso.

El libro negro usaba un lenguaje seudoculto pero intercalaba premisas "de superación" con frases insultantes tanto para los creyentes como para Dios mismo. Abundaban hasta el hartazgo las groserías de la más baja ralea hacia Jesucristo.

En la introducción se advertía:

«Si aceptas los postulados de este libro, condenarás a tus más preciados santuarios de fe a la aniquilación, porque verás las mentiras bíblicas en las que has creído, caer bajos su propio peso».

Había toda una enramada de frases doctas, entre las que, en efecto, José Carlos identificó muchas favoritas de Adalid. ¡Pero era impensable que quien las seleccionó para sacarlas de contexto no percibiera el odio con el que estaban escritas!

Se sintió sofocado. Él había tenido consigo (y creído) postulados de ese libro, combinados con frases de Goethe, Lao Tse, Mahoma, Séneca, Freud, Nietzsche y Voltaire. ¡Una rica mezcolanza!

Comprobó lo que Ivonne elucidó. Las ideas y pensamientos que alguien tiene respecto a Dios afectan sus decisiones y su forma de vivir. Identificó también que sus dos años de infortunio y desdicha provenían de la misma fuente.

1. Según el autor de ese libro, la gente debía saber y aceptar

seis postulados básicos:

2. Que Dios existe, pero NO ama al hombre, ni se interesa por él; pues es una energía impersonal. Es, la Naturaleza.

3. Que el hombre es dios por sí mismo, y resulta tonto pensar que "somos hijos de un Padre celestial".

4. Que la Biblia está llena de mitos y leyendas absurdas.

5. Que no hay vida después de la vida, por lo que el hombre inteligente tiene, como prioridad, el placer y el éxito en esta tierra.

6. Que la bondad y la maldad son relativas. En la moral no hay sólo blanco o negro, sino muchos tonos de gris y todos los grises están bien.

7. Que la venganza es sana.

José Carlos vio todo con claridad.

¡La ideología que aprendió era eficaz para brindar al practicante algunas ganancias atractivas (de dinero, poder y sexo), pero llevaba implícita un cobranza posterior de penalidades (destrucción de sus familias, deslealtades, guerra, mentira, negocios sucios, lascivia, abuso de autoridad)!

Él era un lector obsesivo. Leía todo y no solía censurar ningún libro, sin embargo acababa de leer uno que no recomendaría, porque había en sus palabras escritas una ponzoña discreta que afectaba las emociones y movía a la irritación. También había, invocaciones, conjuros y maleficios, con los que no valía la pena contaminarse.

¡Ese día se quitó una losa de encima!, rompió la cadena que le impedía moverse, se deshizo de la soga que lo ahorcaba y quemó el trapo que lo amordazaba...

Se puso de pie, depositó los libros que consultó en la mesa de salida y fue directo al teléfono público otra vez.

Sacó su cartera y buscó una tarjeta que traía consigo cuidadosamente atesorada.

Marcó el número.

Se escuchó la voz de una mujer a quien él en realidad apreciaba (jamás la había odiado).

Al fondo se oía el llanto de un bebé.

—¿Lorenna? Soy José Carlos. Quiero tomarte la palabra. Invítame a tomar un café.

52

Las leyes del amor

C.C.S. viernes santo de 1986

Hoy vi un amanecer espectacular. En forma figurada y literal.

Todavía no lo puedo digerir. Mi mente rebosa de tal alegría que me siento con ganas de gritar.

El despertador sonó a las seis de la mañana. Aún estaba oscuro. En cuanto vislumbré vestigios de quién era y dónde me hallaba, brinqué de la cama como un resorte. Fui directo a la regadera, me duché y afeité, cantando.

Salí del cuarto y me dirigí hasta el balcón del hotel. Ella estaba ahí. La miré y sentí que mi alma se deleitaba. Llegué con sigilo y la abracé por la espalda. Identificó mis brazos y ladeó la cabeza para acariciarme con su mejilla.

—Mira los colores de este amanecer —susurró.

Eran extraordinarios.

Permanecimos inmóviles unos minutos gozando el placer inexplicable de estar juntos.

Habíamos arreglado nuestros problemas y estábamos disfrutando una nueva etapa en la que cada día nos asombrábamos del magnetismo impresionante que tenían nuestras almas y cuerpos.

—¿Estás listo?

—Claro.

Fuimos hasta la pista de jogging. Yo ya no tenía que cuidar mis músculos para la bicicleta de velocidad y había adquirido el hábito de correr con ella todas las mañanas.

Hicimos un ejercicio moderado y gratificante.

Al final caminamos juntos.

—Estas conferencias son incomparables —le dije—. Gracias por invitarme.

—Qué casualidad ¿verdad? Hace tres años, exactamente, se llevó a cabo aquel otro congreso, en el World Trade Center.

—Sí —las evocaciones eran sustanciales—. ¡Cómo me perjudicó! Por eso mis padres no querían dejarme asistir a éste. Así que los invité y, como se llevaría a cabo en otra ciudad y estamos en vacaciones, ¡aceptaron venir con mis hermanos! Es increíble. ¿No crees?

—¿Tu familia está contenta con las ponencias?

—Sí. Desde la primera sesión nos dimos cuenta que teníamos rencores sin resolver, heridas sin sanar, emociones sin compartir. Nos hemos vuelto a abrazar, hemos llorado juntos y estamos comunicándonos de nuevo. Al fin, les pude pedir perdón a mis hermanos por haberles dado la espalda durante años; a mi padre por haberlo ignorado cuando me insistió en que continuara con el ciclismo, y a mi madre por haber dejado de escribir.

—Me alegra tanto oír eso —sonrió con una alegría diáfana. Su belleza trascendía las fronteras de la piel y yo podía sondearla abismándome en las profundidades de su alma, a través de sus ojos entre azul y verdes que hacían las veces de una ventana transparente. Tuve un arranque de pasión y la abracé.

El nuestro ha sido un noviazgo único. Desde el inicio nos atrajimos como dos polos magnéticos. No he dejado de pensar en ella ni un solo día. Forma parte de mí. Es inexplicable que haya pasado tanto tiempo de mi juventud queriendo (o mejor dicho, idealizando) a la persona equivocada.

—Te amo, Ivonne —le dije—. Te amo de verdad. Como jamás creí que se pudiera amar. Eres mi verdadera Sheccid.

—Yo también te amo, Carlos.

Seguimos caminando por la pista de jogging, sin hablar.

Repasé en mi mente las conferencias de ese congreso. Los oradores no sólo repetían frases aprendidas. También las creían *y respaldaban con sus propias vidas. Había una gran diferencia con las formas de Adalid.*

Entre todo lo que he escuchado estos días, he reconstruido mis antiguas luchas y he descubierto el hilo ideológico que enlaza y da sentido a todo en mi interior.

La fortaleza es indispensable para lograr mis sueños.

Dios mismo me ordena ser fuerte:

«¿No te lo he ordenado yo? ¡Sé fuerte y valiente! No temas ni te acobardes, porque (si me lo pides), yo estaré contigo dondequiera que vayas. Cuando te sientas débil recuerda que mi poder se perfecciona en tu debilidad; jamás olvides que yo escojo a lo insensato del mundo para avergonzar a los sabios, y que incluso elijo a los más débiles para avergonzar a los poderosos».

La superación personal, el coaching, la motivación y el liderazgo emprendedor, enseñan buenos procedimientos, porque el desarrollo humano se basa en bases inmutables, sin embargo, debo estar siempre alerta para poder identificar las enseñanzas torcidas, y cuidar de no dejarme llevar (otra vez) por cualquier doctrina nociva, pues el mal se disfraza de esplendor y los perversos simulan ser servidores de la justicia.

Yo no soy un animal. Dios me predestinó para ser adoptado como hijo suyo. Que toda la gente reconozca eso, no por mi discurso enojoso, sino porque trato a la gente con paciencia y buenas maneras; porque amo de verdad y sirvo a los demás; porque no desprecio a nadie ni me creo más que otros; porque todos mis actos, aún los secretos, enorgullecen a mi familia; porque contagio alegría, y entusiasmo…

Ivonne me enseño las leyes del amor.

Hace tiempo tiré a la basura las ideas de Adalid, y las sustituí por éstas:

Sin amor, las palabras son sólo ruido. Sin amor, las filosofías de crecimiento humano son basura. Sin amor, la sabiduría y la esperanza no trascienden. Sin amor, los actos de generosidad y sacrificio por otros, son una simple farsa egocéntrica.

El amor sabe soportar los errores de otros; el amor es bondadoso; el amor no tiene envidia, no es presumido, no es orgulloso, ni grosero, ni egoísta, ni altanero, ni vengativo, ni guarda rencor. El amor detesta las injusticias y se alegra en la verdad. El amor jamás dejará de existir.

Después de nuestro ejercicio físico, Ivonne y yo fuimos cada uno a nuestra habitación a ducharnos y a ponernos ropa adecuada para las sesiones del congreso.

Todo el día estuve muy sensible. Emocionado como nunca antes.

En la última dinámica, cerré los ojos y agaché la cabeza. Imaginé con los ojos de la fe, que mi Padre del cielo estaba frente a mí, y me concentré con tal intensidad que pude percibir cómo las fronteras intangibles de la imaginación daban paso a un universo apacible. Entonces lloré como un niño que abre su corazón y muestra sus más profundas lastimaduras. Lloré como un joven que se arrepiente de haber perdido los últimos años buscando placeres enajenantes. Recordé a Mario Ambrosio y la manera que lo dejé desamparado al final. Pensé en Ariadne, mi linda amiga pecosa, y cómo la decepcioné una y otra vez. También vinieron a mi mente esas otras chicas a quienes lastimé de forma deliberada, por despecho. Finalmente recordé a Lorenna. Acabada, triste, solitaria… la noche en que descubrí el engaño de Mariscal; la noche en que fui a su departamento, me tomé un café con ella, junto a su niña pequeña, le expliqué la oscura filosofía del coach y le dije que estaba enamorado de otra mujer. La abracé con fuerza y la dejé atrás. Sin embargo, en mis más enojosos sentimientos que en aquel entonces aún prevalecían, me complací al verla llorar.

Hoy en mi meditación, me embargó tal congoja y arrepentimiento por todos esos recuerdos, que permanecí quieto. Le pedí perdón a mi Padre del cielo, bañado en unas lágrimas que eran a la vez dolorosas y placenteras. La extraña combinación de emociones provenía de saber que estaba desahogándome en el sitio adecuado, y de sentir que ante mi debilidad, me estaba llenando poco a poco de una nueva fortaleza. La que sólo se experimenta al conectarse a la verdadera fuente de amor.

Terminando la dinámica, el dirigente pidió a los asistentes que saludaran y abrazaran a alguien del salón.

Ivonne me estaba esperando con sus ojos preciosos, y su sonrisa de niña.

Le susurré al oído:

—Quiero vivir contigo para siempre.

Epílogo

Carlos e Ivonne se casaron dos meses después.

Al momento de que este libro se halla en la imprenta, preparándose para su publicación, ellos acaban de cumplir veintiséis años de matrimonio. Han construido una historia juntos, una historia común maravillosa. Son testigos de que, cuando el amor está bien cimentado, jamás mengua sino crece día a día.

Ellos creen en la fidelidad, en la familia, en la aventura de la vida. Creen que sólo el amor fortalece.

Él ahora se dedica a escribir. Ha publicado una treintena de libros. Los fines de semana practica ciclismo de montaña.

Tuvieron tres hijos.

A su primogénita le pusieron por nombre Sheccid.

Este libro se imprimió en Septiembre del 2012 en:

Quad/Graphics Querétaro, S.A. de C.V.

Lote 37 S/N Fracc. Industrial La Cruz, Querétaro, C.P. 76240

ESD 1e-46-3-M-10-09-12